AF451770

LES

BEAUX-ARTS EN PROVENCE

REVUE GÉNÉRALE

AU POINT DE VUE DOCUMENTAIRE

DES INCIDENTS ET DES FAITS SE RATTACHANT A L'INSTRUCTION PUBLIQUE
AU MOUVEMENT LITTÉRAIRE, SCIENTIFIQUE ET AUX BEAUX-ARTS
PENDANT L'ÉPOQUE RÉVOLUTIONNAIRE, POUR FAIRE SUITE A L'HISTOIRE
DOCUMENTAIRE DE L'ACADÉMIE DE PEINTURE ET SCULPTURE
DE MARSEILLE

PAR

ÉTIENNE PARROCEL

DE L'ACADÉMIE DE MARSEILLE

—◦◦◦◦◦—

PARIS

TYPOGRAPHIE DE E. PLON, NOURRIT ET Cⁱᵉ

RUE GARANCIÈRE, 8

1889

LES

BEAUX-ARTS EN PROVENCE

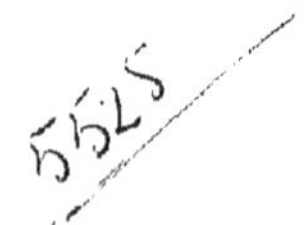

Ce mémoire a été lu à la réunion des Sociétés des Beaux-Arts des départements, à l'École des Beaux-Arts, dans la séance du 12 juin 1889.

LES
BEAUX-ARTS EN PROVENCE

REVUE GÉNÉRALE

AU POINT DE VUE DOCUMENTAIRE

DES INCIDENTS ET DES FAITS SE RATTACHANT A L'INSTRUCTION PUBLIQUE
AU MOUVEMENT LITTÉRAIRE, SCIENTIFIQUE ET AUX BEAUX-ARTS
PENDANT L'ÉPOQUE RÉVOLUTIONNAIRE, POUR FAIRE SUITE A L'HISTOIRE
DOCUMENTAIRE DE L'ACADÉMIE DE PEINTURE ET SCULPTURE
DE MARSEILLE

PAR

ÉTIENNE PARROCEL

DE L'ACADÉMIE DE MARSEILLE

———❦———

PARIS

TYPOGRAPHIE DE E. PLON, NOURRIT ET Cie

RUE GARANCIÈRE, 8

—

1889

MINISTÈRE

DE L'INSTRUCTION PUBLIQUE

ET DES BEAUX-ARTS

Les faits se rattachant aux Beaux-Arts durant la période révolutionnaire en Provence ont été soumis à l'examen du Comité.

Sur l'avis motivé du rapporteur il a été décidé que cette étude serait intégralement insérée au compte rendu de la session.

Le Directeur des Beaux-Arts,

Signé : G. LARROUMET.

EXTRAIT

Du rapport général sur les travaux de la treizième session des sociétés des Beaux-Arts des départements par M. Henry JOUIN, secrétaire rapporteur du Comité. (Officiel, 16 juin 1889.)

. . . .

La Provence, et plus spécialement Marseille, n'ont jamais cessé, pendant les jours les plus troublés de la Révolution, de prendre souci des intérêts de l'art. Ce n'est pas une monographie que M. Parrocel nous a présentée; ce sont des éphémérides, c'est le calendrier superbe et pacifique d'une grande province, d'une cité généreuse et ardente,

De Marseille la grecque, heureuse et noble ville,

ainsi que l'appelle l'un de nos poètes. Sociétés d'art, Écoles, Musées, fêtes populaires, médailles commémoratives, fontaines monumentales, Marseille crée, ordonne, érige, avec une activité qui ne connaît pas d'obstacles, tout ce qu'elle juge susceptible de tenir les esprits en haleine et de faire honneur à la contrée. A parcourir ces notes concises et des plus diverses, puisées par M. Parrocel aux archives de la ville ou du département, à voir passer Topino Lebrun, Renaud, Chardigny et cent autres artistes dans ces tableaux réduits et rapides, on est conduit à se demander si, par un privilège inexpliqué, Marseille n'a pas joui de la paix la plus profonde durant les dernières années du dix-huitième siècle! Que le travail de M. Parrocel soit aride, il n'en demeure que plus consultable, plus clair et plus précieux. On parle quelquefois de l'éloquence des chiffres. Le mémoire que j'essaye de résumer se recommande par une éloquence d'un autre genre : celle des dates.

LES
BEAUX-ARTS EN PROVENCE

AVANT-PROPOS

La tâche que je me suis proposée est terminée. J'ai relevé au
jour le jour, selon l'ordre du temps, depuis 1788 jusqu'à 1808,
dans les registres de la commune de Marseille, dans ses archives,
dans celles de la préfecture et dans celles de son Académie des
belles-lettres, les incidents touchant à la peinture, à la sculpture,
aux écoles, lycées, institutions civiles, aux fêtes civiques,
théâtre, etc., toutes choses considérées alors comme se rattachant
à l'instruction publique, et comme moyens efficaces de moraliser
et d'instruire le peuple.

Mon but a été de préciser des dates propres à éclairer l'histoire de notre province, et de payer à nos devanciers ce qui leur
était dû.

Dans cet ordre d'idées, j'ai montré l'ancienne Académie des
belles-lettres à son déclin, consultée par nos gouvernants, et j'ai
salué sa renaissance, renforcée qu'elle était alors par une section
représentant de son côté l'ancienne Académie de peinture et de
sculpture qui faisait autrefois l'orgueil de la cité. J'ai noté les convois d'objets d'art passant par notre département, les monuments
élevés à Bonaparte et à ses généraux, notre Bibliothèque grandis-
sante, notre Musée s'enrichissant par les dons du gouvernement.
J'ai reproduit, en les écourtant le plus souvent, les délibérations
relatives aux objets d'art, et notamment celles ayant trait aux nombreux travaux du peintre Réattu et des sculpteurs Chardigny et

Renaud, presque entièrement ignorés jusqu'à ce jour ; et j'ai terminé mon étude par le tableau de la régénération de notre École de dessin et Académie du modèle, en 1807, sous la direction de Goubaud.

M. le Ministre de l'Instruction publique, dans sa dernière circulaire, ayant appelé l'attention des délégués des Sociétés des Beaux-Arts des départements sur l'histoire de l'Art dans leurs régions, au point de vue documentaire, pendant l'époque révolutionnaire, je me suis rendu à cet appel avec d'autant plus d'empressement que ce travail est la continuation obligée de l'*Histoire documentaire de l'Académie de peinture et de sculpture de Marseille,* dont j'ai entretenu mes confrères à la Sorbonne depuis cinq années, histoire s'arrêtant à 1789, et qui, grâce à une insigne faveur de l'État, est aujourd'hui sous presse à l'Imprimerie nationale.

Consultons donc sans plus tarder les archives de notre Académie, celles de la préfecture et de la commune de Marseille, et présentons les faits sous forme d'Ephémérides, afin de précipiter la narration : en désignant la date nous indiquons ainsi la page dans les livres des délibérations de la commune de Marseille auxquels nous allons faire de larges emprunts.

ÉPHÉMÉRIDES

1788.

ACADÉMIE.

Le 17 décembre. — M. d'Ageville a présenté à la Compagnie la
médaille d'argent frappée pour consacrer la date de l'établissement
des réverbères dans notre ville (décembre 1785).

Aucun éclairage public n'existait chez nous avant cette époque.
Voici ce que nous trouvons dans l'Almanach de Grosson :

Illumination publique des lanternes à réverbères.

« Cet établissement, dont l'utilité est généralement reconnue,
» a lieu depuis le 17 décembre 1785, jour auquel les réverbères
» ont été éclairés pour la première fois.

« Le *Journal de Provence* annonce chaque jour l'heure à
» laquelle ils doivent être éclairés, et celle à laquelle ils doivent
» s'éteindre, en observant les gradations de la lune pour l'un et
» l'autre. Cependant, afin de prévenir tout accident nocturne, la
» lune pouvant être obscurcie par des nuages, brouillards ou
» autres temps fâcheux, l'attention vigilante de MM. les maire,
» échevins et assesseurs, les a décidés à faire éclairer, en temps de
» lune, une lanterne sur deux, de manière que la ville est tou-
» jours éclairée jusqu'à trois heures du matin, soit par la lune, soit
» par les réverbères.

« La Régie est composée d'un inspecteur, de deux commis et
» de trente-deux allumeurs qui ont chacun un aide, afin que
» leurs quartiers soient éclairés plus promptement. Il y a tou-
» jours au bureau un commis et un allumeur de garde pour, en
» cas d'événement, subvenir à tout ce qui est nécessaire pour le
» service.

« Le panier dont se sert chaque allumeur et dans lequel est
» renfermé le détail du service de son quartier est numéroté sur

« le côté le plus apparent, pour servir à désigner chaque allumeur
« dans le cas où il y aurait sujet de plainte contre quelqu'un
« d'entre eux.

« On remarque, avec raison, la suite des réverbères placée
« depuis la Porte-Royale jusqu'à la Porte de Rome. Ce cordon de
« lumière, qui est prolongé en ligne droite au milieu de la ville
« qu'il traverse dans le quartier le plus brillant, est l'unique en
« France, et présente aux étrangers qui arrivent à Marseille le
« coup d'œil d'une ville du premier ordre, recommandable par
« son étendue, sa population et son commerce.

« Le bureau est situé rue Château-Redon, la 4ᵐᵉ porte à gauche
« après la rue d'Aubagne.

« Directeur : M. GUÉNIFEY, rue Château-Redon. »

La médaille frappée à l'occasion de cet établissement figure
dans le *Trésor de numismatique et de glyptique, médailles fran-
çaises*, 3ᵉ partie, p. 57, pl. LII, n° 7. Le nom du graveur et
celui de l'atelier monétaire n'y sont point indiqués.

L'Almanach de Grosson de 1787 nous donne également la note
suivante :

*Hôtel royal de Monnoyes de Marseille, établi en cette ville
par édit du mois de février 1786.*

OFFICIERS TITULAIRES.

« M. *Jean Baptiste Casimir Prou Gaillard*, avocat au parle-
« ment, conseiller et pensionnaire du Roi, ancien premier commis
« des Finances, directeur et trésorier particulier de la Monnoye,
« hôtel de la Monnoye.

« M. *Michel Gabriel Canolle*, conseiller du Roi, contrôleur et
« contre-garde.

« M. *Esprit Jean Marie Cabassole*, avocat au parlement,
« essayeur.

« M. *Charles Honoré Graille*, graveur. »

Le nom de Graille n'a été signalé, que nous sachions, dans aucun
des ouvrages de numismatique imprimé à Paris et en province.
Or, la médaille frappée à l'occasion de *l'établissement des réverbères de Marseille est signée : G. F.* (ci-joint le type) ; nul doute

qu'elle ne soit l'œuvre de ce graveur inconnu aujourd'hui et que cette médaille ne soit sortie de l'Hôtel des Monnaies de Marseille.

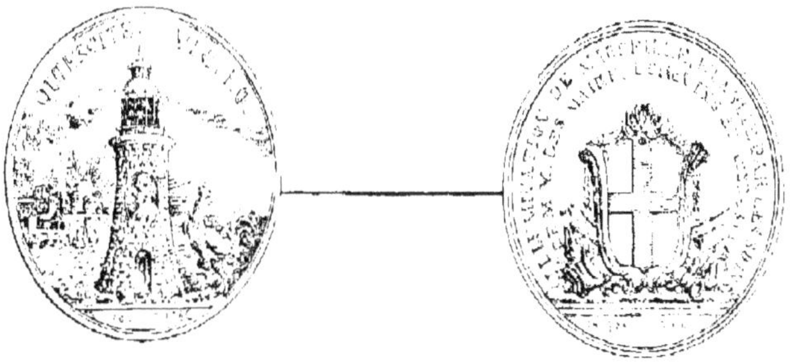

Médaille frappée pour célébrer l'établissement de l'éclairage à Marseille
(1785-1786).

1789.

Académie des belles-lettres. — Le 15 juillet. — M. l'abbé Barthélemi, né à Aubagne (B.-du-R.), auteur du *Voyage du jeune Anacharsis en Grèce,* garde des médailles et antiquités du Roi, nommé membre de l'Académie des belles-lettres et sciences de Marseille, avait chargé M. Seimandy de remettre à la Compagnie la lettre suivante :

    « Messieurs,

« L'Académie, en m'associant à sa gloire, a couronné son élève.
« C'est elle qui fixe mes premiers regards. Je fus lié de bonne
« heure avec MM. de la Visclède, Cary et plusieurs de leurs con-
« frères. Leurs conseils, leur amitié et leurs succès m'inspirèrent
« pour les lettres une passion qui a fait le bonheur de ma vie. Ils
« m'avaient donné des espérances que vous réalisez aujourd'hui,
« et vous avez mis dans le bienfait une grâce qui en augmente le
« prix. Ah! si des liens que je ne puis rompre ne m'arrêtaient en
« ce moment, j'irais, n'en doutez pas, vous rappeler tout ce que
« je vous dois pour vous exprimer tout ce que je sens, mais je ne
« puis vous offrir que l'hommage de ma reconnaissance, de mes
« regrets, et du profond respect avec lequel j'ai l'honneur d'être,
« Messieurs, etc.

               « *Signé :* Barthélemi.

« Paris, ce 5 juillet 1789. »

D'Ageville, architecte. — Le 25 novembre. — Nouveaux remerciements de l'Académie à M. d'Ageville, au sujet de la médaille frappée à l'occasion de *l'établissement des réverbères à Marseille,* pour être placée dans le médaillier de l'Académie.

M. d'Ageville, secrétaire perpétuel de l'Académie de peinture, membre correspondant de l'Académie royale d'architecture, médaillé lui-même par la chambre de commerce et par la ville, dont il était l'architecte, était le promoteur de cette utile mesure que le Conseil avait adoptée. Plus tard, le 25 juillet 1792, d'Ageville avait demandé à l'Académie qu'elle voulût bien examiner son ouvrage sur les *monuments publics de la cité.* Une commission avait été nommée à cet effet. D'Ageville fut une des dernières victimes de la Révolution. Il porta sa tête sur l'échafaud en 1794.

1790.

Chaises à porteurs. — Le 5 mai. — Les registres de la commune mentionnent la suppression des chaises à porteurs qu'elle mettait alors au service des consuls et des juges.

Théâtre. — Le 18 juin. — Une demande d'autorisation d'ouvrir un petit théâtre des Variétés.

ACADÉMIE DE PEINTURE ET DES BELLES-LETTRES

Lorsque la ville de Marseille méditait la construction d'un édifice public, l'Académie de peinture était seule consultée.

C'est ainsi que les édiles ayant voté l'érection d'un arc de triomphe à la porte d'Aix en l'honneur de Louis XVI, le 30 juin 1784, l'Académie de peinture patronna le projet présenté par Gautier, artiste marseillais.

Mais lorsque, par suite de l'obtention de ses lettres patentes, une union plus intime se fut établie entre l'Académie de peinture et celle des lettres et sciences, cette dernière réclama place au Conseil. Une sorte de fusion s'opérait entre les deux Compagnies, et le Conseil de ville l'affirmait, le 1er juillet 1790, à propos d'un projet présenté par le sculpteur Renaud :

Extrait des registres de l'Académie royale de peinture, sculpture et architecture civile et navale de Marseille.

SÉANCE DES DEUX ACADÉMIES RÉUNIES LE 1er JUILLET 1790 DANS LE BUREAU DE L'ACADÉMIE ROYALE DE PEINTURE, SCULPTURE ET ARCHITECTURE, ETC.

Présents :

Membres de l'Académie des belles-lettres, sciences et arts.

MM. DE MALIJAI.
 TOLLON, chancelier.
 DE ROBINEAU.

MM. AUDIBERT (Dominique).
 ACHARD.

Membres de l'Académie de peinture, sculpture, architecture, etc.

MM. VANWICK, directeur.
 EMBRY, architecte professeur, chancelier.
 DE BAUSSET ROQUEFORT, amateur honoraire.
 BERTRAND, professeur honoraire.
 NICOLAS, sculpteur professeur.

MM. NICOLAS, constructeur professeur.
 CHAIX, professeur.
 HENRY, adjoint à professeur.
 HERMITE, adjoint à professeur.
 GIRARD, adjoint à professeur.
 CASSATI, professeur.
 D'AGEVILLE, secrétaire perpétuel.

« Les deux Académies de Marseille, sur une lettre de MM. le maire et officiers municipaux, à elles écrite le 24 juin dernier, par laquelle ces messieurs les invitent à les aider de leurs avis et de leurs lumières, sur une esquisse qui leur a été présentée par M. Reinaud (*sic*), sculpteur. MM. les directeurs des deux Académies, de concert avec tous leurs confrères, conjointement sur les avis et lumières à eux demandés, et pour raison de ce, il aurait été donné une assignation commune aux deux Sociétés, fixée à ce jour 1er juillet 1790, à quatre heures de relevée, et dans le bureau de l'*Académie de peinture, sculpture et architecture civile et navale,* auxquels jour, lieu et heure, MM. les deux directeurs ayant exposé aux deux Académies réunies le sujet de leur convocation, il aurait été unanimement dit et prononcé :

« Qu'en rendant hommage à la vérité, le modèle déposé à la maison commune fait honneur aux talents distingués de son auteur, que l'ordonnance générale de cette disposition est noble et belle, que les groupes, disposés avec beaucoup d'art et d'intelligence, y présentent des effets frappants et neufs, qu'enfin les deux Académies présument que l'artiste honoré du glorieux emploi de transmettre à la postérité l'heureuse réunion de toutes les classes de citoyen, sous l'empire de la liberté, fera les plus grands efforts pour remplir dignement les vues patriotiques de MM. les maire et officiers municipaux, en imprimant au monument qui va s'élever sous leurs auspices le grand caractère de la révolution actuelle.

« *Signé :* MALLIAY, directeur de l'Académie des belles-lettres, sciences et arts, et VANWICK, directeur de l'Académie royale de peinture, sculpture, architecture civile et navale.

« Collationné par nous, secrétaire perpétuel : D'ACEVILLE. »

Le rapport des deux Académies réunies ayant été favorable au sculpteur Renaud, la commune dut prendre des engagements avec lui au sujet de cette œuvre.

ÉPHÉMÉRIDES

Tableaux. — Le 23 juillet. — Vente de 400 millions de biens nationaux ; ce fut alors que les tableaux contenus dans les églises des couvents furent réservés et transférés dans des dépôts publics dont nous n'allons pas tarder à nous entretenir.

Théâtre. — Le 6 août. — Nouvelle délibération au sujet du spectacle des Variétés. Cette question se poursuit dans les séances des 6, 13 et 14 août.

Archives. — Le 21 août. — M. Thiers, archiviste, est mis à la retraite. On lui accorde 1,000 livres de gratification.

Inventaire. — Le 25 août. — On ordonne l'inventaire des maisons religieuses.

Travaux publics, sculpture. — Le 22 décembre. — « M. le maire, ayant ouvert la séance, a exposé que le sieur Renaud, artiste dont les talents sont reconnus, et qui a des engagements avec la commune qui lui doit au moins son entretien pendant le temps qu'il ne sera pas employé pour la construction du monument que l'ancien conseil municipal renforcé avait délibéré, lui avoir présenté divers comparants à l'effet qu'il lui fût accordé la somme que le conseil arbitrerait pour son entretien, sur quoi lecture faite desdits comparants, après avoir ouï ledit sieur Renaud, qui lui fut présenté, et M. le substitut du procureur de la commune, il a été délibéré d'accorder audit sieur Renaud, à compte de ce qui lui est dû, la somme de 300 livres, et que ledit sieur Renaud serait invité de presser la souscription par laquelle il a proposé de changer le plan du groupe projeté sous le nom de l'*Instruction du commerce*, pour faire un autre groupe représentant : *Le triomphe de la nouvelle législation*, qu'il lui serait donné un seul mois pour remplir ladite souscription, et qu'après ce temps il serait avisé aux moyens de faire partir le sieur Renaud pour l'Italie, à l'effet d'exécuter le monument d'après le premier projet. »

Les registres de la commune pendant cette année de 1790 sont pleins de détails touchant des ordres donnés : de démolir la citadelle et les forts de Marseille; puis de suspendre cette démolition, *signés* par GUIGNARD DE SAINT-PRIEST; plus d'autres délibérations, au sujet des fédérations des *gardes nationales* avec celle de Lyon, devant se réunir à Paris, le 14 juillet 1791, et encore de la vente des biens ecclésiastiques.

En ce qui touche les questions scientifiques, littéraires ou artistiques, elles ont fort peu d'échos dans les délibérations de la commune. En revanche, quelques cartons de ses archives contiennent quelques pièces ayant un certain intérêt. Afin de suivre l'ordre des temps, nous les passons en revue.

1790.

Académie de peinture et de sculpture de Marseille. — Dans notre Histoire documentaire de l'Académie de peinture et de sculpture de Marseille, nous nous sommes arrêté à l'année 1789. Nous

avions dit que l'Académie avait été mise en émoi par des réformateurs dont le sculpteur Renaud faisait partie. Voici, *in extenso,*
une pièce qui nous éclaire sur la situation de la compagnie à cette
époque :

A Marseille, le 24 juillet 1790.

A MM. les maire et officiers municipaux de la ville de Marseille.

« Par-devant nous, maire et officiers municipaux de cette ville de
Marseille, dans la salle du conseil de la Maison commune, sont comparus les citoyens soussignés, membres de l'Académie de peinture,
sculpture, architecture civile et navale de cette ville, lesquels nous
ont dit et exposé que dans les circonstances pénibles que ladite
Académie partage avec tous les établissements publics, il est à
appréhender que la pénurie des fonds pour la soutenir n'entraînât
le découragement, et en même temps la ruine des écoles gra-
tuites. Qu'il importe à tous les bons citoyens de conserver un
établissement dont l'utilité relative au commerce a été démontrée
par l'expérience, ils ne peuvent différer de nous requérir, en
qualité de fondateur et de chef de l'Académie, d'avoir égard aux
pétitions suivantes :

« 1° La municipalité étant arriérée des pensions qu'elle fait à
l'Académie, il est instant de faire une convocation générale pour
aviser aux moyens les plus opportuns de soutenir les écoles gra-
tuites et les démonstrations, par une contribution volontaire qui
puisse suffire aux dépenses de première nécessité.

« 2° Attendu que le temps des vacances est prochain, il soit fait
par des commissaires, à cet effet nommés, un inventaire de tous les
meubles et effets généralement quelconques appartenant à l'Académie ; que cet inventaire sera transcrit sur le registre des délibérations signé et paraphé par M. le directeur.

« 3° Qu'ensuite de cette transcription il soit délibéré qu'aucun
desdits meubles et effets ne pourra être déplacé, et que dans le
cas de réparation on ne pourra y procéder qu'ensuite d'une délibé-
tion d'une assemblée générale convoquée à cet effet.

« 4° Qu'à l'avenir, pour que la Compagnie se conforme au nouvel
ordre de choses établi par la nouvelle Constitution, éviter l'arbi-
traire et toutes les nuances du despotisme qui affligeait autrefois
presque tous les corps, toutes les fois que des membres auront à

former des pétitions sur des objets relatifs aux intérêts de la Compagnie, elles ne soient faites, ainsi que les nominations aux charges, aux places d'académiciens et autres, de même que les réceptions dans une assemblée générale.

« 5° Que pour entretenir le zèle, et faire connaître les talents des artistes, l'ordre de l'exposition des ouvrages à la Saint-Louis, toutes les deux années, ne pourra être interrompu sous aucun prétexte, et qu'il sera libre à tous les membres de l'Académie d'exposer leurs ouvrages.

« 6° Que les assemblées particulières des professeurs et adjoints ne pourront avoir lieu que relativement à l'instruction des élèves.

« 7° Enfin que les professeurs des sciences relatives au dessin soient tenus de faire exactement leurs démonstrations ; et qu'ils ne seront admis à aucun partage d'émolument, distribution du reliquat des fonds, qu'autant qu'ils justifieront du plein exercice de leurs fonctions. C'est à quoi les comparaissants ont conclu et ont signé : Alexandre RENAUD, professeur ; POIZE, agréé ; CHARLIER, académicien ; BRARD, adjoint à professeur ; AYCARD, adjoint ; LAMY, adjoint à professeur ; Nicolas HENRY, adjoint à professeur ; femme BRARD, académicienne. »

Les signatures d'Alexandre RENAUD, professeur ; de BRARD, adjoint professeur, et CHARLIER, figurent sur la pièce que nous venons de reproduire ; cependant nous voyons ces trois artistes, deux jours après, se livrer à des violences qui donnèrent lieu à la protestation ci-jointe :

PROTESTATION.

« Par devant nous, les Maire et Officiers municipaux de cette ville de Marseille et dans la maison commune, le lundi 26 du mois de juillet de 1790, sont comparus les directeurs, officiers et professeurs de l'Académie royale des Arts, sous le titre d'*Académie de Peinture, Sculpture et Architecture civile et navale*, formant le bureau de l'Académie, lesquels nous ont exposé et représenté que le vendredi 23 du présent mois de juillet, le directeur avait, en la manière accoutumée, assemblé les membres composant le bureau pour reconnaître et effectuer la portion les concernant pour continuer de soutenir l'Académie; qu'en effet, après avoir reconnu l'état des dépenses urgentes à faire, ses membres avaient formé entr'eux une somme de 528 livres qui avait été remise entre les mains du trésorier. Ils allaient rompre la séance à laquelle il ne manquait que le sieur Sarrazin, qui est absent, le sieur Cazati, qui avait consenti à cette contribution, dans une assemblée précédente où il avait été délibéré; le sieur Nicolas, constructeur, qui, absent, avait chargé de son vœu et de sa cote part à la contribution un de ses confrères présents, il manquait enfin le sieur Renaud bien et dûment convoqué comme les autres.

« Lorsque ledit sieur Renaud, l'un des professeurs, le sieur Brard et le sieur Charlier, associés académiciens, les deux premiers armés de sabres avec un ton qui annonçait plutôt des hommes en colère qui viennent venger une injure que des gens à talents, des artistes qui viennent raisonner sur les Beaux-Arts et chercher des moyens honnêtes et paisibles de soutenir un établissement dont ils sont membres plus ou moins essentiels et nécessaires.

« Au milieu des cris, des emportements et même des personnalités lancés par les trois nouveaux venus, les comparaissants croient avoir démêlé que les sieurs Brard et Charlier prétendaient avoir droit d'assister aux assemblées du bureau, qu'ils *voulaient* une réforme entière, complète et générale du régime de l'Académie, qu'enfin ils présentaient un mémoire signé d'eux et de quelques associés académiciens, tendant à cette réforme; il est bon d'observer qu'un de ces académiciens dont ils avaient engagé la signature s'est pourvu par requête en desaveux d'icelle par devant M. le lieutenant général civil en ce siège.

« Nous ne saurions nous dissimuler que notre qualité de fondateurs, de protecteurs, de pères de l'Académie, aurait dû engager ces trois académiciens à recourir à notre prudence et à notre autorité pour réformer chez elle, s'ils existaient, tels abus qu'ils auraient crû y apercevoir, au lieu de prendre la route indécente qu'ils se sont permis pour tâcher de rendre odieuse une société d'artistes qui, depuis qu'elle existe, donne des enseignements publics, assidus et gratuits, et qui depuis bientôt deux ans que les malheurs des temps nous ont impérieusement contraints de cesser de pourvoir à ses dépenses, voit avec satisfaction tous ses membres se cotiser

pour y suppléer, et prêts à revenir encore à de nouveaux efforts,
s'il est nécessaire, pour continuer de la soutenir. L'Académie ne
relèvera pas devant nous divers bruits injurieux et calomnieux que
ces messieurs ont osé répandre sur son compte dans le public, ils
sont trop noirs pour s'y arrêter, et sa conduite sage et mesurée les
a toujours démentis d'avance, mais elle ne peut se refuser à nous
témoigner combien elle est pénétrée d'avoir appris que ce n'est
qu'avec dédain qu'ils ont été accueillis par tous ceux de messieurs
ses honoraires amateurs dont les oreilles en ont été blessées.

« Cependant la réponse claire et modérée de l'Académie à ces
messieurs a été : que depuis trente-huit ans elle fleurissait sous
des règlements donnés par le Roy ou de son ordre, demandés et
dressés par l'Administration de la ville; le tout en vertu de lettres
patentes du 18 février 1780, à elle accordées par le Roy; qu'au
reste ils n'avaient pas été les premiers à demander une révision
de ces règlements, que l'Académie avait arrêté dans une assemblée
générale tenue le 27 octobre de l'année dernière, où messieurs les
honoraires amateurs et messieurs de l'Académie des sciences,
belles lettres et arts avaient assisté; que ces règlements seraient
revus et discutés en présence ou sous l'autorisation de nous, maire
et officiers municipaux comme fondateurs et protecteurs de ladite
Académie. Mais que d'ici à ce temps ou après deux examens et
mûres délibérations, il ne soit statué sur de nouveaux règlements,
les directeur et officiers de ladite se refuseraient toujours à toute
innovation et à tout acte contraire aux articles desdits règlements,
vu que le serment par eux prêté ainsi que par tous les associés
académiciens lors de leur réception, et dont ils sont du nombre,
oblige chacun des membres de s'y conformer.

« C'es t dans cet état de cause et dans cette circonstance que les
directeur et officiers de l'Académie composent le bureau ici présent, à l'exception du sieur Renaud, un des trois ci-dessus cités, et
qui a toujours eu le droit depuis qu'il est professeur d'assister à
ses séances particulières, et du sieur Sarrazin actuellement député
à la fédération de la capitale, mettant dans leur plainte la même
modération que dans leur réponse à leurs confrères, renvoie la
juste satisfaction qu'ils ont droit d'attendre de nous, au repentir
de leurs confrères dont ils nous annoncent avec satisfaction qu'ils
ont cru apercevoir quelque étincelle.

« Nous requérant lesdits directeur et officiers qu'en attendant qu'il nous plaise de décider s'il est nécessaire de former de nouveaux règlements pour servir de régime à l'Académie, ou de modifier et changer ceux sous lesquels elle a fleuri jusqu'à présent, nous autorisons lesdits directeur et officiers à se conformer aux articles et à les suivre ainsi et de la manière qu'on l'a fait jusqu'à présent.

« Nous suppliant instamment d'interposer nos ordres et notre autorité pour l'accomplissement de notre décret et empêcher dehors en avant une insurrection aussi indécente et aussi contraire à la tranquillité et à la paix qui seuls font fleurir et prospérer les beaux arts. À quoi ils ont conclu et signé : Vanwick, directeur, Nicolas, Embry, Casati, Nicolas, Louis Dreveton, Chays, d'Ageville. »

L'Académie de peinture manque d'argent, la pension qu'on lui avait servie jusqu'alors est suspendue. Voici une nouvelle pièce qui nous édifie à cet égard :

Marseille, le 29 octobre 1790.

« Nous vous remettons ci-joint, Messieurs, un extrait de la délibération du bureau de l'Académie royale de Peinture, Sculpture et Architecture civile et navale de cette ville que les officiers de cette compagnie nous ont présenté pour nous faire connaître les titres de son institution et surtout son état de situation qui ne lui permet plus de continuer ses travaux, si elle ne peut compter sur la rentrée prochaine des arrérages de la pension annuelle dont la communauté est chargée envers elle.

« Vous êtes sans doute, Messieurs, aussi pénétrés que nous de l'avantage qui résulte pour notre ville d'un pareil établissement et de la nécessité de le conserver, et nous pensons bien que le retard des payements qui lui sont assignés, tient à des causes qu'il vous est peut-être impossible de surmonter dans le moment, mais nous vous prions de vouloir bien nous mander, en nous renvoyant le mémoire ci-inclus, les espérances que nous pourrons donner de votre part à MM. de l'Académie de Peinture sur l'objet de leurs demandes.

« Nous vous saluons, Messieurs, bien cordialement.

« Les administrateurs composant le directoire du district,
signés : MARTINOT, vice-président, Dominique AUDIBERT, RAFEAU. »

1790.

Académie des Belles-Lettres et Sciences de Marseille. —
Tandis que l'Académie de peinture se débattait dans un malaise
indicible, l'Académie des belles-lettres et sciences de Marseille,
riche des dons et pensions que lui avait assurés le duc de Villars,
ignorant les angoisses de la pauvreté, continuait paisiblement ses
travaux. Aussi, en cette même année 1790, nous voyons MM. les
administrateurs du Directoire s'adresser à elle pour lui demander
conseil :

Marseille, 4 août 1790.

« L'éducation publique et l'enseignement politique, Messieurs,
sont de tous les objets relatifs aux fonctions dont nous sommes
chargés, ceux qui sollicitent nos premiers soins et que nous avons
le plus vivement à cœur de bien remplir. C'est vous le prouver,
Messieurs, que de réclamer le secours de vos travaux pour seconder
les nôtres. Vous en avez déjà approfondi les vrais principes par vos
recherches et vos méditations. Vous en connaissez toute l'influence
sur le bonheur des individus et des sociétés.

« Que de motifs pour vous prier de vous associer en quelque
sorte avec nous dans cette grande vue pour en assurer le succès, de
réveiller ce zèle, cet amour du bien public qui distinguent toutes les
sociétés savantes et littéraires, et qui caractériseront si bien la
vôtre !

« L'ancienne administration municipale, qui ne s'était point dis-
simulé tous les vices des institutions publiques, avait généreuse-
ment consacré un prix pour le choix d'un meilleur plan d'éducation patriotique dont elle vous avait nommés les juges et les
dispensateurs. Ce concours est ouvert depuis plusieurs années, et
nous savons que dans le grand nombre des mémoires qui vous ont
été adressés, il n'en est encore aucun qui ait obtenu la réunion de
vos suffrages. Rien ne prouve mieux tout à la fois combien la tâche
est difficile et combien vous êtes dignes de la remplir.

« L'heureuse révolution dont nous jouissons doit en amener

beaucoup d'autres dans les études, comme dans les mœurs, et c'est à vous, Messieurs, qu'il appartient de diriger ces nouvelles modifications; comme qu'il en soit, il est possible, même probable, que de tous les matériaux qui sont en dépôt dans vos mains il y ait moyen d'extraire des vérités utiles pour tous les temps, quelques principes lumineux d'une application générale et des méthodes plus ou moins parfaites dont on pourrait faire usage.

« Vous rendrez un vrai service à la chose publique, si vous daignez choisir parmi vous, Messieurs, quelques commissaires pour en faire l'analyse, et ce serait perfectionner ce travail que de l'accompagner de vos propres observations d'après l'excellent programme que vous aviez rédigé et publié à ce sujet. Nous osons vous en prier au nom de la Patrie que vous savez si bien chérir et honorer. Il nous serait bien doux en particulier de vous devoir l'avantage d'offrir ainsi avec confiance à nos concitoyens un plan que nous pourrons leur présenter comme le fruit de vos recherches, et le résultat de votre expérience et le tribut de votre patriotisme.

« Nous vous saluons, Messieurs, bien cordialement.

« Les membres du directoire du district, *signés :* Michel Roussier, Dominique Audibert, Brémond, Rafeau et Brémond Julien, p. s. »

RÉPONSE.

Marseille, 20 août 1790.

« L'Académie se proposait, Messieurs, de rassembler les principes épars dans les divers Mémoires qu'elle a reçus sur l'éducation publique relative à la ville de Marseille et dont l'application lui paraîtrait utile et convenable au plan désiré par la Municipalité.

« Elle n'attendait que la clôture du dernier concours. Le terme en est arrivé sans qu'aucun des auteurs qui ont écrit sur cet objet ait rempli les conditions du programme.

« Il est flatteur pour la Compagnie que le même projet ait fixé votre attention, son utilité ne peut être un problème.

« Vos soins et votre zèle, Messieurs, pour l'établissement d'un nouveau système d'éducation devenue absolument nécessaire depuis la grande révolution qui s'est opérée dans nos mœurs et nos usages vous donnent des droits certains à l'estime publique et à la reconsance de vos concitoyens.

« L'Académie annoncera incessamment qu'elle ne recevra plus d'ouvrages sur l'importante question de l'éducation, et qu'aucun de ceux qui lui ont été adressés n'a réuni les suffrages.

« Elle a déjà nommé des commissaires chargés d'analyser tous ces Mémoires, elle ajoutera aux extraits qu'ils en présenteront ses propres observations ; elle vous communiquera, Messieurs, le résultat de ce travail, et, s'il est utile au public, l'Académie aura atteint au terme qu'elle doit toujours se proposer, et elle sera flattée de s'être pour ainsi dire associée aux succès de votre Administration. Nous vous saluons, Messieurs, bien cordialement. »

Les Officiers de l'Académie de Marseille.

1791

REGISTRES DE LA COMMUNE. — DÉLIBÉRATIONS.

Le 15 janvier. — « Le Corps municipal assemblé, M. le maire a annoncé que MM. les commissaires du Directoire du district et MM. les membres de l'Académie des belles-lettres, sciences et arts, ayant formé le vœu de fonder une Bibliothèque publique, il convenait que les livres fussent provisoirement déposés dans une des salles de l'Académie en attendant que la municipalité se soit procuré un local propre à l'établissement d'une Bibliothèque publique. » Nomination de commissaires à cet effet.

Le 5 février. — Le Corps municipal accorde au sculpteur Renaud une indemnité de 140 livres par mois pour le temps par lui perdu dans la construction du groupe de la fontaine des allées de Meilhan.

Le 2 août. — « Un membre a exposé que le sieur Renaud, sculpteur chargé de l'exécution d'un monument sur la fontaine des allées de Meilhan, de retour de Carrare, s'est présenté à la maison commune pour réclamer le payement de la somme de neuf cents livres pour ses frais de voyage à Carrare et d'aliments pendant trois mois. »

Sur quoi la matière ayant été mise à la discussion et successivement aux voix, le Conseil municipal, après avoir entendu M. Alleon, procureur de la commune, subrogé, a délibéré, à la majorité des suffrages, que le sieur Renaud n'ayant pas tenu les engagements qu'il avait pris avec la commune, il ne sera payé de la somme qu'il demande qu'après une délibération du conseil général de la commune auquel cet objet sera référé.

Le 10 août. — Le conseil général délibérait afin d'autoriser la municipalité de Marseille à faire venir des marbres de Carrare pour l'érection d'un monument à la porte d'Aix; il avait pour titre : « Le Triomphe des Lois déposant son rapport. »

Le 29 décembre. — Le citoyen Renaud, statuaire, était chargé de l'érection de ce monument, le prix devait être prélevé sur les deux cent mille livres que la compagnie de l'Arsenal s'était obligée de payer à la ville.

Le citoyen Renaud avait traité avec le sieur Marchetti de Carrare pour l'achat desdits marbres, le 4 novembre 1791. La commune paya 8,777 livres 80 en acompte qui (tout porte à le croire) furent perdus. Le préfet Charles Delacroix quitta Marseille avant d'en avoir pu obtenir la remise, malgré ses pressantes sollicitations.

1792.

Le 21 mai. — Pétition de quelques élèves en chirurgie réclamant la nomination de divers professeurs d'anatomie, d'ostéologie, etc., etc., approuvée par le Conseil.

Le 22 mai. — Délibération sur le service des hôpitaux.

Le 29 mai. — Nomination de professeurs pour l'École de médecine de Marseille.

Le 10 juin an IVe de la Liberté. — Transcription sur le registre de la lettre du ministre de l'intérieur Rolland, adressée au roi des Français. (Document à lire.)

Le 14 juin, an IVe de la Liberté. — Délibération touchant la descente et la fonte des cloches des églises, etc., etc.

Le 7 août. — Rétablissement de l'autel de la Patrie.

Le 18 octobre. — Acompte de 2,000 livres à l'architecte Harmite pour travaux au petit Arsenal.

Le 19 novembre. — *A propos de Mirabeau :* Un membre a exposé au Conseil que le citoyen Louis Saut, sculpteur en plâtre, demeurant rue de Noailles, ayant eu plusieurs demandes de la part des habitants et même de beaucoup d'étrangers qui sont bien aises d'avoir le portrait de Mirabeau, il voudrait se rendre à leurs vœux ; que comme le buste en marbre de ce grand homme qui est placé dans une des salles de la Maison commune est d'une ressemblance frappante, et d'un travail fini, il prie la municipalité de lui accorder la permission d'en prendre l'empreinte avec du plâtre et du savon détrempés, ce qui n'endommagera aucunement ce marbre, puisqu'il a soumis au conseil une expérience semblable qui a parfaitement réussi, sur quoi il le requiert de prendre la détermination qu'il jugera convenable :

« Le Conseil municipal, bien aise de multiplier l'effigie d'un homme à qui le genre humain devra un jour sa liberté, et dont les vertus politiques feront à jamais l'admiration des nations policées, après avoir ouï le citoyen procureur de la commune, a délibéré d'accorder au citoyen Saut la permission de prendre l'empreinte du portrait en marbre de Mirabeau pour en tirer des copies au désir du public et néanmoins sous la responsabilité de cet artiste dans le cas où il endommagerait cette pièce précieuse aux vrais amis de la Liberté. »

1793.

Le 3 janvier. — Sur le rapport des citoyens Micoulin, le Conseil a délibéré d'autoriser la représentation de la pièce intitulée : *les Prêtres et les Rois*, comme conforme aux principes révolutionnaires.

Le 4 janvier. — Ordre d'afficher sur le devant des théâtres de la commune les affiches : *Droits de l'homme,* et de l'*Acte constitutionnel.*

Le 29 janvier. — *Installation de la nouvelle municipalité. Discours du maire* Mouraille, alors secrétaire perpétuel de l'Académie des belles-lettres et sciences de Marseille.

Le 7 avril. — Mandat de 255 livres payé aux joueurs de tambourin pour la fête de la Fraternité, et pour sept décades consécutives. Les fifres, les galoubets et les tambourins jouaient alors un grand rôle dans les fêtes publiques. Les registres nous en fournissent de nombreuses preuves, nous relevons simplement celles appartenant à 1793.

Le 8 avril. — Mandat de 176 livres au citoyen Poize, graveur, pour divers cachets exécutés pour la commune.

Le 13 juillet. — Mandat de 538 liv. 10 s. pour les joueurs de tambourin, au nombre de 27, qui ont assisté aux trois dernières décades.

Le 25 juillet. — Construction de la *cheminée monumentale* de la salle du Conseil de l'hôtel de ville.

« Sur le rapport des membres du bureau des travaux publics chargés de vérifier si le citoyen Reynaud avait fait des préparatifs pour la construction de la cheminée de la salle du Conseil, le corps municipal a délibéré d'annoncer par un avis imprimé que cette cheminée sera mise au concours, et que tous les artistes du département y seront appelés. »

Le 26 juillet. — Mandat de 200 livres sur le receveur du district en acompte sur ce qui est dû au sculpteur Reynaud, conformément à l'arrêté des représentants.

Le 30 juillet. — *Fête de l'Être suprême.* Le *Journal de Marseille* du 2 août 1793 est rempli de détails sur cette fête. Le narrateur termine son article par ces mots : « Cette cérémonie a été vraiment celle de la Liberté, de l'Union et de la Fraternité. »

« Vu l'état général des dépenses occasionnées par la fête de l'Être suprême, s'élevant à 29,709 liv. 4 s., le Conseil délibère de l'arrêter », et l'adopte en son entier.

Le 4 août. — Honoraires aux architectes de la ville, les citoyens Sérénus, Cayol et Joseph Pellay (2,000 liv.), les frais de déplacement en sus.

Le 14 août. — Mandat de 120 livres au citoyen Pèbre, peintre, ouvrages faits à la maison commune (bâtiments).

Le 17 août. — Mandat de 18 livres en faveur des joueurs de tambourin qui ont prêté leur concours aux fêtes publiques.

Le 18 août. — Mandat de deux mille livres à compte de ce qui est dû au sieur Reynaud (sic), statuaire, sauf au trésorier de la commune à réclamer en temps et de qui de droit le montant de cette somme.

Le 22 août. — Les boîtes[1] appartenant à la commune seront envoyées à la fonderie de Marseille pour être converties en canons.

Le 25 août. — *Organisation des écoles primaires.* Sur le rapport du bureau d'éducation, le Conseil a délibéré :
1° D'autoriser l'affiche d'un avis relatif aux instituteurs des écoles non primaires ;
2° De faire imprimer, au nombre de trois cents exemplaires, l'organisation des écoles primaires ;
3° D'autoriser le bureau d'éducation de faire passer tous les avis faits par la municipalité, sur cet objet, au comité d'instruction à la Convention nationale.

Le même jour. — Mandat de 189 liv. 10 s. au citoyen Paulet, pour fournitures de lauriers pour deux fêtes publiques.

Le 8 septembre. — *Défense aux artistes comédiens de sortir de la commune sans permission.*
« Le conseil, après avoir entendu le rapport du comité d'admi-

---

[1] Petit mortier de fer qu'on tire dans les fêtes publiques.

« nistration des théâtres réunis, considérant que les artistes comé-
« diens sont instituteurs publics, et qu'en cette qualité, ils doivent
« rester à leur poste, et qu'ils ne peuvent l'abandonner sans
« congé ;

« Considérant qu'ils ne peuvent sous aucun prétexte se soustraire,
« sans se rendre coupables, à la continuation des engagements
« qu'ils ont contractés ;

« A délibéré qu'un artiste comédien ne pourra sortir de Marseille
« pour se rendre dans quelque autre commune sans avoir au
« préalable obtenu une permission du comité d'administration.

« La présente délibération sera soumise à l'approbation du com-
« mandant de la place, et pourra être imprimée et affichée aux
« frais du comité d'administration qui en délivrera un exemplaire
« à chaque artiste comédien. »

Le 10 septembre. — *Réunion des théâtres et mesures prises
contre les comédiens qui ont déserté leur poste.*

« Une députation de la Société populaire adjointe des artistes du
théâtre républicain est admise au sein du Conseil ; l'orateur fait lecture du vœu et des observations que ces derniers adressent à la commission d'instruction publique tendant à ce que la réunion des deux
théâtres de cette commune ait toujours lieu, ainsi que des divers
arrêtés des représentants Maignet et Jean Bon Saint-André, des
17 floréal, 19 thermidor et 17 fructidor.

« Le Conseil municipal, après avoir ouï l'agent national, recon-
« naissant la justesse des observations des pétitionnaires, et consi-
« dérant que le vœu prononcé par les artistes du ci-devant théâtre
« républicain pour cette réunion tend à l'avantage de l'instruction
« publique et à la perfection de l'exécution des pièces patriotiques,
« a délibéré de l'adopter en tout son contenu.

« Sur l'exposition de la même députation, le Conseil, considérant
« que la fuite de plusieurs artistes comédiens avant la fin de leurs
« engagements pourrait être préjudiciable à l'instruction publique,
« et qu'il est urgent de prendre des mesures coercitives contre
« ceux qui se sont rendus coupables de cette fuite clandestine, puis-
« qu'ils sont partis sans passeport, a délibéré, ouï l'agent national,
« de charger son bureau des émigrés d'inscrire sur les registres les
« noms des artistes comédiens qui s'en sont allés sans permission

« ni passeport et avant le terme prescrit par les engagements
« synallagmatiques qu'ils ont contractés. Leurs noms seront
« envoyés au Directoire du district. »

Le 14 septembre. — Mandat de 300 livres en faveur du citoyen
Louis Niquet, chargé des fêtes publiques.

Le 13 novembre. — « Le citoyen procureur de la commune fait
part au conseil de la distribution des fonctions des professeurs du
collège national et des différentes classes qu'ils doivent diriger; le
corps municipal l'adopte ainsi qu'il suit : Latil, Hugues, Béraud
pour la première classe; Gabriel Turc, Roger pour la seconde;
Roux Turc pour la troisième; Leydet Massol, ce dernier provisoirement pour la quatrième; Fabre Suzanne pour la cinquième;
Camoin pour suppléant des classes. »

Le 15 novembre. — Un avis du Conseil annoncera l'ouverture
dudit collège national pour le 17 novembre 1793, dirigé par des
instituteurs nationaux.

Le 23 novembre. — Le Conseil a délibéré sur l'exposition et les
conclusions du procureur de la commune d'autoriser le citoyen
Barbier de se concerter avec le directeur des classes nationales
pour faire faire au collège national, dévasté par le Comité contre-
révolutionnaire, les réparations convenables.

Le 26 décembre. — Le citoyen Lacroix, jacobin, a observé au
Conseil que les billets qu'on jetait sur la scène au théâtre étaient un
abus contraire aux lois de l'égalité, un simple citoyen se faisant
ainsi l'interprète du public. Cette manière impérative de s'expliquer
avilissait les fonctions importantes d'instituteurs et propagateurs de
la morale républicaine dont sont revêtus les acteurs depuis la
chute des préjugés. « La commission municipale, faisant droit à sa
demande, a délibéré, ouï le procureur, de faire défendre doréna-
vant le jet d'aucun billet sur le théâtre. »

DOCUMENTS.

Décret de la Convention nationale du 1er juillet 1793, l'an second de la République française. Concernant les jeunes artistes qui remporteront les premiers prix en peinture, sculpture ou architecture, n° 1142.

« La Convention nationale, après avoir entendu le rapport de son Comité d'instruction publique, décrète ce qui suit :

« ARTICLE PREMIER. — Les jeunes artistes qui auront remporté le premier prix en peinture, sculpture ou architecture, et qui, aux termes des lois existantes, sont destinés à se perfectionner soit en Italie, soit en Flandre ou sur le territoire de la République, jouiront à l'avenir d'une pension annuelle de 2,400 livres, laquelle leur sera payée pendant cinq années.

« ART. 2. — Chacun des douze élèves de l'Académie provisoire de peinture précédemment envoyés à Rome, pour y être entretenus aux frais de la nation française, aura droit à la pension mentionnée en l'article ci-dessus durant l'espace de temps qui lui reste à parcourir jusqu'à la fin de ses cinq années.

« ART. 3. — Ces traitements seront payés par la trésorerie nationale.

« Visé par l'inspecteur. *Signé :* J. C. BATTELIEZ.

« Collationné à l'original par nous, président et secrétaires de la Convention nationale.

« A Paris, les jour et an que dessus. *Signé :* THURIOT, président; GOSSUM, P. A. LALOY et Th. DELACROIX, secrétaires.

« Au nom de la République, le conseil exécutif provisoire « mande et ordonne à tous les corps administratifs et tribunaux « que la présente loi, ils fassent consigner dans leurs registres,

« lire, publier et afficher et exécuter dans leurs départements et
« ressorts respectifs, en foi de quoi nous y avons apposé notre
« signature et le sceau de la République. »

« A Paris, le premier jour du mois de juillet mil sept cent quatre-
vingt-treize, l'an second de la République française. *Signé :* DALBA-
RADE. *Contresigné :* GOHIER, et scellé du sceau de la République.
« Certifié conforme à l'original.
« *A Paris, de l'Imprimerie nationale exécutive du Louvre, 1793.* »

Ce décret avait été affiché sur les murs de la ville. Les cartons
de la Commune en possèdent encore quatre ou cinq exemplaires.

PÉTITION DES PROFESSEURS DE L'ACADÉMIE DE PEINTURE
DE MARSEILLE.

19 novembre 1793.

« Aux citoyens officiers municipaux de la ville de Marseille.

« Citoyens, l'Académie de peinture, sculpture et architecture
civile et navale établie à Marseille en 1753, fut toujours considérée
comme essentiellement utile à la chose publique, surtout pour l'application des règles du dessin qui perfectionnent les Arts méca-
niques, en donnant un nouveau prix aux objets de l'Industrie nationale.

« Cette vérité démontrée, et sentie dans tous les temps, détermina
le ci-devant Conseil d'État à rendre un arrêt en date du 15 juin 1756,
qui chargea la commune de payer annuellement trois mille livres
à l'Académie. Cette somme, insuffisante, en vertu des lettres
patentes du 18 février 1780, enregistrées au ci-devant parlement le
17 mars suivant, fut portée à celle de quatre mille livres, et cette
somme a toujours été régulièrement payée par quartiers jusqu'à
l'année 1789.

« A cette époque, les officiers municipaux témoignèrent à l'Académie le regret de ne pouvoir continuer les payements accoutumés,
et le dessein de voir subsister un établissement si utile à la ville de

Marseille. Ce fut alors que les officiers et professeurs de l'Académie firent des efforts, se cotisèrent entre eux et fournirent aux frais des enseignements publics pendant les années 1789 et 1790, sans autres secours de la commune qu'un à-compte de douze cents livres et les promesses réitérées du remboursement de leurs avances.

« Note des déboursés et avances faites par les officiers et professeurs de l'Académie dans le cours des années 1789 et 1790, pour fournir aux frais de ses exercices, et dépenses y relatives, conformément à la délibération de son bureau du 3 juin 1791 :

« Il est dû aux officiers et professeurs ci-après dénommés, aux citoyens :

Vanwick, directeur.	468 liv.	10 s.
D'Ageville, secrétaire.	468	10
Nicolas, sculpteur professeur.	484	»
Casati, peintre professeur.	582	»
Chaix, peintre professeur.	431	12
Sarrazin, peintre et architecte professeur.	326	»
Reynaud, sculpteur professeur.	326	»
D'Ageville, professeur.	259	»
Mélissy, chirurgien professeur.	287	16
Embry, architecte professeur et chancelier.	215	16
Dreveton, architecte professeur	191	16
D'Ageville, professeur et secrétaire.	54	»
Mélissy, trésorier.	33	»
Mossy, pour frais d'imprimerie.	72	»
Vanwick et d'Ageville ensemble pour fournitures particulières à la subsistance du concierge.	204	»
A sept officiers et professeurs, pour le même objet, ensemble les deux ci-devants compris.	315	»
Pour menues dépenses de papier, encre, port de lettres et autres menus frais de bureau.	36	»
Quatre mille sept cent cinquante-cinq livres.	4,755 liv.	»

« Veuillez, Citoyens magistrats, faire droit à une créance que réellement des artistes peu fortunés, de vrais sans-culottes, se croyent fondés à réclamer. Se trouvant honorés de leurs fonctions utiles, ils ont toujours servi leurs concitoyens sans honoraires, et ils se proposent de leur consacrer de nouveau leurs talents et leurs soins dès que les circonstances le permettront.

« Fait à Marseille, le 28 brumaire de l'an second de la République française une et indivisible. *Signés :* VANWICK, directeur; EMBRY, professeur et chancelier; MELISSY, professeur; CASATI, professeur; RENAUD, sculpteur professeur; NICOLAS, professeur. »

Les professeurs fondateurs avaient soutenu l'Académie pendant quatre ans. Les professeurs de la dernière heure suivaient l'exemple de leurs devanciers. Cette pièce donne leurs noms et le chiffre de leur créance qui ne leur a jamais été remboursée.

FRÉRON arrivant à Marseille, faisait afficher sur les murs de la cité la proclamation suivante :

Le 28 brumaire an II (18 novembre 1793).

Égalité, Liberté, République française.

AU NOM DU PEUPLE FRANÇAIS.

« *Fêtes civiques au culte de la Raison.* — Les représentants du Peuple, députés par la Convention nationale dans les départements méridionaux,

« Considérant que les dimanches et fêtes sont rayés pour toujours du nouveau calendrier, et que par là même les bienheureux et bienheureuses qui fesaient tous les honneurs de l'ancien ont été pour ainsi dire condamnés à la déportation pour l'Espagne, l'Italie, le Portugal et les autres contrées de l'Europe, où la Tyrannie, aidée du fanatisme, se retranche contre la liberté;

« Considérant que dans tous les départements, l'autel de la Patrie s'élève avec majesté sur les décombres des autels esclaves dressés à la superstition;

« Considérant que la Liberté et l'Égalité sont les seules divinités qui méritent notre amour et nos hommages; que la constitution française doit être notre unique évangile; que la religion du véritable républicain est d'aimer, de servir la Patrie, de vivre ou de mourir pour elle, de voir dans tout bon citoyen, un père, comme dans chaque *modéré,* un traître, et dans chaque conspirateur un tyran ;

« Considérant que la chute des prêtres doit suivre de près la chute des Rois, et que leur empire n'est fondé que sur le charlatanisme et les préjugés ;

« Considérant que le triomphe de la vérité . . . .

. . . .

« Considérant la nécessité de remplacer par des fêtes nationales . . . . . . les cérémonies prescrites d'un culte qui rétrécissant les âmes . . . .

« Arrêtent que provisoirement........ la décade ou le jour du repos sera célébré dans chaque chef-lieu,.... par des fêtes civiques où assisteront les autorités civiles et militaires. . . . . . . où la vieillesse, l'enfance et le malheur, dignes de tous nos respects, seront au premier rang......., où seront portés les drapeaux pris sur l'ennemi ou le fédéralisme ;... les emblèmes de la liberté et de l'égalité, les tables de la déclaration des droits et de la constitution du 24 mai 1793, les pierres et les modèles du château de la Bastille, ainsi que les images sacrées de *Brutus,* de *Marat* et de *Pelletier ;*

« Arrêtent de plus, que pour entretenir dans les âmes les sentiments mâles qui conviennent à des républicains, la fête civique de chaque décade sera terminée par la représentation *gratis* des pièces les plus patriotiques, telles que : *Brutus, La mort de César, Caius Gracchus,* la *Liberté conquise, Régulus, Guillaume Tell,* et le *Jugement dernier des Rois,* suivis de l'*Hymne à la Liberté ;*

« Chargent les autorités constituées de se conformer sans délai aux présentes dispositions..... et à l'égard de la commune de Marseille,... de se concerter avec tous les artistes et musiciens requis par nous à cet effet, pour donner à ces fêtes la pompe, l'éclat et la solennité qu'elles exigent, et pour que cet arrêté reçoive à la prochaine décade sa pleine exécution ;

« Laissent aux administrateurs..... aux municipalités et aux sociétés populaires, le soin de s'entendre avec les citoyens artistes musiciens et décorateurs, pour tous les accessoires relatifs aux circonstances, aux saisons, aux époques glorieuses de la Révolution et propres à embellir et à varier ces fêtes fraternelles ;

« Enjoignent expressément aux directeurs des théâtres dits :
Brutus et *Républicain,* de procéder dans le terme prescrit, à l'exécution de cet arrêté, les rendant personnellement responsables de
tout obstacle qui pourrait survenir et frustrer l'attente du peuple.

« *Signé :* FRÉRON.

« Le secrétaire général de la Commission. *Signé :* THIURE. »

(Archives de la préfecture, papiers du district, liasse 27.)

Comme aux époques antérieures, et dans tous les temps, il fallait aux réformateurs le concours des Beaux-Arts pour entraîner le
peuple, et essayer d'affermir le triomphe de leurs idées ; et, on
vient de le voir, ils n'avaient garde de le négliger en 1793.

───────────

Nous avons vu, plus haut, les administrateurs du directoire,
en 1790, s'adresser à l'Académie des belles-lettres pour lui
demander conseil au sujet du plan d'éducation qu'ils désiraient
appliquer au pays. L'Académie n'existait plus, mais son ex-secré-
taire perpétuel, Mouraille, était au pouvoir comme maire de Marseille. Au moment où Fréron décrétait la déchéance des saints du
calendrier, et leur bannissement à l'étranger, Mouraille, se préoccupant d'abord de l'instruction du peuple, faisait afficher de son
côté ce qui suit ; et on le verra poursuivant toujours son œuvre
durant le cours de 1794.

AVIS.

29 brumaire an II (22 novembre 1793).

*La municipalité de Marseille à tous les instituteurs particuliers
et à ceux des écoles primaires de la ville et de ses faubourgs.*

« Une nation libre ne fait pas seulement la guerre aux tyrans ;
elle la fait aussi aux vices et aux préjugés ! Qui de vous, Citoyens,
ignore que c'est par l'éducation que l'homme social a contracté
tous les siens ? L'éducation n'est qu'une imitation continuelle ;
l'enfant ne réfléchit pas, il imite, et son modèle est toujours son
instituteur.

« Rappelez-vous, Citoyens, cette fameuse École de la Grèce, où les disciples contractaient jusques aux gestes naturels de leur maître; et vous en conclurez l'influence des instituteurs sur les mœurs publiques.

« Combien donc n'importe-t-il pas à une nation qui veut se régénérer, de faire un choix refléchi et sûr, des hommes auxquels elle confie l'instruction des jeunes citoyens qui sont l'espérance de la Patrie! Mais ce choix ne suffit pas encore.

« L'éducation doit être analogue au caractère national. Du moment que l'homme social a été corrompu tout à fait, on a dit qu'il fallait faire les lois pour les hommes, parce qu'il n'était pas possible de faire les hommes pour les lois; c'était faire, d'un seul mot, la critique des hommes et des lois; c'était dire qu'il faut des lois qui s'accommodent aux vices de la société.

« Ce principe peut être vrai pour les esclaves, incurab et les avilis, qui ne voient d'instituteurs politiques que dans les cruels et changeants caprices de leurs despotes; mais il est faux pour un peuple qui veut asseoir son gouvernement sur toutes les vertus sociales.

« Chez une telle nation, il faut faire les hommes pour les lois, c'est-à-dire les rendre sages et bienfaisants comme elles. C'est là le but et l'ouvrage de l'éducation.

« Si ces vérités sont bien senties, on conviendra nécessairement que les plans d'éducation adoptés par la France esclave, répugnent à la France libre et républicaine; on ne ferait en les conservant que prolonger l'engourdissement et la stupidité des âmes, et retarder les élans qu'excite en elles l'amour de la liberté.

« Ce n'était pas un moindre inconvénient sans doute, que la différence que l'on mettait dans l'éducation de tel enfant ou de tel autre. Il semblait que la nature eût créé deux espèces d'hommes. C'est ainsi qu'on mettait même à leur berceau une ligne de démarcation entre le riche et le pauvre, et que l'éducation les rendait ennemis.

« Quand la richesse et le rang obtenaient tout, la vertu avait peu d'attrait, le génie s'étouffait, et le cœur se flétrissait dans l'obscurité. Mais la liberté a passé le niveau sur la tête de tous les Français. L'égalité va détruire l'orgueil des distinctions, et ramener parmi nous la philanthropie et la fraternité.

« La Patrie est notre mère, à ce titre elle nous doit à tous la même éducation, une part égale à ses bienfaits; il faut donc que l'éducation, le premier bien de l'homme social, après la liberté, soit uniforme pour tous les citoyens, et que cette différence de principes et de mœurs disparaisse.

. . . .

« La Convention nationale, pénétrée de ces vérités, s'est occupée d'instituer l'éducation publique sur cette base. Mais son excellent travail n'a point encore sa perfection.

« Le Conseil général de la commune, attentif à tout ce qui peut mûrir l'esprit public, à terrasser le fanatisme, et à détruire l'esprit particulier, a délibéré d'adopter le plan provisoire d'éducation publique qui lui a été présenté, et dont elle a ordonné l'impression et l'affiche.

« La municipalité enjoint donc à tout instituteur particulier, et à ceux des Écoles primaires de cette ville, et des faubourgs, d'envoyer sans aucun retard au collége national ceux de leurs élèves qui sont à la portée des différentes classes de ce collége, et qui peuvent en recevoir les leçons.

« Ceux des instituteurs, qui, calculant plus leur intérêt que celui du bien public, retiendraient leurs élèves et ne se conformeraient pas à la présente injonction, seront regardés et traités comme perturbateurs de l'ordre public.

« Marseille, le 29ᵉ jour de brumaire, seconde année républicaine.

« Les officiers municipaux et procureur de la commune.

« *Conforme à l'original :* MALCKR, secrétaire-chef archiviste. »

(Archives de la mairie.)

ÉPHÉMÉRIDES

1794

DÉLIBÉRATIONS.

Le 16 nivôse an II (7 janvier 1794). Fête en réjouissance de la prise de Toulon.

Au citoyen directeur du théâtre Brutus.

« La Commission municipale, souhaitant de rendre aussi splendide que possible la fête qui doit avoir lieu décadi prochain, en réjouissance de la prise de l'infâme Toulon, vous invite, Citoyen, de prendre toutes les mesures nécessaires, et de vous concerter à cet effet avec le citoyen Laurent, chargé par la commission municipale de l'inspection des dispositifs de cette fête, afin que les acteurs et les actrices de votre théâtre, désignés pour représenter divers personnages, soient costumés ainsi qu'il suit :

« La citoyenne Paul, désignée pour représenter la Liberté, la citoyenne Aline pour l'Abondance. Les citoyennes Rivière, Lefèvre, Duchesse et Antoni, pour les Quatre Saisons.

« La citoyenne Martin Lejeune pour Apollon; les citoyennes Dutacq aînée, Dutacq cadette, Olivière cadette, Bernière, Chameroi, Masson, Léonore, Joséphine et Courrier pour les neuf Muses. »

Le 18 janvier. — *Mandat de 485 livres* en faveur du Théâtre national, rue Pavillon, pour frais occasionnés par la décade passée. (Prise de Toulon.)

Le 4 février. — *Délibération* qui suspend la démolition de l'église Saint-Victor (ancienne abbaye fondée en 410) jusqu'à ce que des commissaires aient de nouveau statué à son sujet.

Travaux publics. — Le 26 février. — *Rapports des travaux publics* du citoyen Renaud, statuaire. (Délibération :)

« Vu un rapport des membres des travaux publics et celui de la commission des arts, estimatif des ouvrages faits par le citoyen Renaud, statuaire, tant à la fontaine du Champ du 10 août, qu'à l'autel de la Patrie, et à la place de la Liberté, dont le total s'élève à 13,849 livres;

« Le conseil municipal considérant que le receveur du district a compté au citoyen Renaud la somme de 6,300 livres, sans la participation de la municipalité sur les ouvrages dont l'exécution lui avait été confiée,

« A délibéré d'autoriser son bureau des travaux publics à faire délivrer mandat au citoyen Renaud sur le receveur du district de la somme de 6,300 livres qu'il a déjà reçues pour servir à sa décharge, et de faire tirer sur le même, autres mandats faisant ensemble 5,340 livres en faveur dudit Renaud, pour solde définitif de son compte. »

Instruction publique. — Le 26 mars. — *Mesures prises pour l'instruction des jeunes enfants.*

Délibération constatant qu'il importe à la commune de Marseille d'avoir dans son sein un établissement propre à faire connaître aux enfants l'étendue de leur devoir :

« Considérant que les magistrats du peuple doivent, dans toutes les occasions, s'empresser à propager les lumières dans une république fondée sur les principes d'une philosophie éclairée ;

« A délibéré : 1° En approuvant en son entier la pétition des instituteurs du Collége national [1] de demander au district l'hôtel ci-devant Roux de Corse, comme un local propice à cet établissement.

« 2° Le conseil a nommé les citoyens Coulet et Vernet, en qualité de commissaires pour, conjointement avec deux instituteurs, se transporter dans les diverses maisons nationales pour en extraire les meilleurs livres classiques et de physique nécessaires.

« 3° De nommer un concierge..... »

11 germinal an II (31 mars 1794).

MUNICIPALITÉ DE MARSEILLE.

Organisation des écoles primaires.

« La lumière est l'arme la plus puissante que puisse employer un peuple libre, contre ses cruels ennemis, le despotisme et le fanatisme. Un cri général s'est fait entendre dans toute la République ; c'est à l'instruction à *consolider* les bases de la régénération française ; c'est à ses progrès à éterniser les triomphes d'une révolution, ainsi que la raison qui en fut la mère.

« ARTICLE PREMIER. — La municipalité de Marseille, convaincue de ce grand principe et jalouse d'opérer dans cette commune les effets salutaires du décret de la Convention nationale, sur l'instruction publique, en date du 29 frimaire, donne avis aux citoyens que l'enseignement est libre et qu'il se fera publiquement.

« ART. II. — Les citoyens et citoyennes qui voudront user de la liberté d'enseigner, feront la déclaration, à la municipalité, de l'intention où ils sont d'ouvrir une école primaire.

[1] Ancien collège de l'Oratoire. V. *Statistique des Bouches-du-Rhône*, vol. III, p. 530 et suiv., étude complète.

« ART. III. — Enseigner à lire, à écrire, et les premières règles de l'arithmétique, c'est ce que l'on entend par écoles primaires.

« ART. IV. — Les citoyens et citoyennes qui auront des écoles ouvertes, seront désignés sous le nom d'instituteurs ou d'institutrices.

« ART. V. — Les citoyens et citoyennes, pour tenir des écoles primaires, sont tenus de produire un certificat de civisme et de bonnes mœurs, signé de la moitié des membres du conseil général de la commune.

« ART. VI. — Les instituteurs ou institutrices des écoles primaires mettront entre les mains de leurs élèves, pour livres élémentaires :

« *Les droits de l'homme.*

« *La Constitution.*

« *Le tableau* des actions héroïques ou vertueuses, et généralement tous les autres livres qui seront publiés par *la Représentation nationale.*

« ART. VII. — Tout instituteur, ou institutrice, qui enseignerait dans son école des principes contraires aux lois et à la morale de la République, sera puni selon la gravité du délit.

« ART. VIII. — Il sera ouvert dans la municipalité un registre pour l'inscription des noms des instituteurs, ou institutrices, et des enfants ou pupilles qui leur seront confiés par les pères, mères, tuteurs ou curateurs.

« ART. IX. — Les pères, mères, tuteurs ou curateurs sont tenus d'envoyer leurs enfants ou pupilles aux écoles primaires ; ils ne pourront les y envoyer qu'à l'âge de six ans accomplis ; et ils y seront envoyés avant celui de huit ans. On ne pourra retirer les enfants desdites écoles que lorsqu'ils les auront fréquentées au moins pendant trois années consécutives.

« ART. X. — Ils déclareront à la municipalité les nom, prénoms des enfants et pupilles qu'ils sont tenus d'envoyer auxdites écoles ; les noms, prénoms des instituteurs et institutrices dont ils font choix.

« ART. XI. — Les pères, mères, tuteurs ou curateurs qui ne se conformeraient pas aux dispositions énoncées ci-dessus, seront dénoncés au tribunal correctionnel, et punis conformément à la loi, si les motifs qui les auraient empêchés de s'y conformer ne sont pas valables.

« Art. XII. — Les instituteurs ou institutrices des écoles primaires seront salariés par la République, conformément au tarif qui suit.

« Recevront annuellement :

« L'instituteur, 20 livres ; l'institutrice, 15 livres ; pour chaque enfant ou élève.

« Ils ne pourront, sous aucun prétexte, prendre aucun de leurs élèves en pension, donner aucune leçon particulière, ni recevoir des citoyens aucune espèce de gratification, sous peine d'être destitués.

« Art. XIII. — Ils seront payés par trimestre et, à cet effet, ils seront tenus de produire à la municipalité un relevé de leur registre, fait mois par mois, portant les noms et prénoms des enfants qui auront assisté à leurs leçons pendant chaque mois : ce relevé sera confronté avec celui de la municipalité ; la confrontation faite, il leur sera délivré un mandat signé de deux officiers municipaux.

« Art. XIV. — Suivant l'art. 13 du décret, les mandats seront visés par le directoire et payés à vue par le receveur du district.

« La municipalité, bien aise de faciliter les instituteurs, institutrices, pères, mères, tuteurs et curateurs des enfants, relativement aux déclarations qu'ils ont à faire au titre du décret du 29 frimaire, veut bien en prolonger le temps jusqu'à la fin du mois de germinal.

« On s'adressera pour les déclarations, à la commune, au citoyen Bénèche fils, secrétaire greffier adjoint.

« Fait à Marseille, dans la maison commune, le 11 germinal, l'an second de la République française, une, indivisible et démocratique.

« Les officiers municipaux.

« Par mandement :

« Bénèche fils, secrétaire greffier adjoint. »

(Archives de la mairie.)

Travaux publics. — 1er avril 1794. — Délibération au sujet de réparations importantes à faire à la façade de la maison commune.

7 avril. — Délibération à propos des travaux publics, capacités et talents à exiger des architectes.

8 avril. — Proposition de démolir l'autel dédié à l'Éternel, pour débarrasser la fontaine sur laquelle il est élevé, etc., etc.

Ordre de fermer les écoles privées. — 8 juin. — Le Conseil, après avoir entendu la lecture du rapport fait par son Comité d'éducation sur les Écoles primaires de cette commune :

« Considérant que c'est de l'éducation républicaine des jeunes citoyens français que doivent émaner un jour la gloire et la prospérité de la République ;

« Considérant que c'est à cet âge où le cœur et l'esprit reçoivent la teinte ineffaçable de la raison ou des préjugés, et qu'on ne doit confier qu'à des instituteurs d'un patriotisme et d'une probité reconnus, un dépôt si précieux, l'espoir de la Patrie ;

« Considérant que la promulgation de la loi sur l'organisation de l'instruction publique et les divers avis de la municipalité n'ont pas suffi à ces instituteurs intéressés pour suspendre le cours de leurs leçons particulières ; ni à ces parents, plus coupables encore, pour lesquels une conformité d'éducation est un supplice ;

« A délibéré d'autoriser son Comité à faire fermer les écoles de tout instituteur ou institutrice qui oserait encore se permettre d'enseigner et de donner des leçons particulières et dangereuses (en cela seul qu'elles diffèrent de celles que reçoivent les enfants d'une classe moins fortunée), sans être muni d'un certificat de civisme et de bonnes mœurs, et sans être enregistré à la commune.

« Le même Comité a été chargé de prendre les moyens nécessaires pour découvrir les parents qui, pour fermer dans le cœur de leurs enfants l'accès des principes républicains, ne les auraient pas envoyés aux écoles primaires sans motif valable.

« Collationné conforme : RICARD, président ; BÉNÈCHE fils, secrétaire adjoint. »

Sculpture. — Statue de la Liberté. — 18 juin. — Allocation au sculpteur Ferdinand pour une statue de la Liberté :

« Sur l'exposé du citoyen Ferdinand, sculpteur, le Conseil a délibéré qu'il lui serait alloué la somme de 1,000 livres, pour prix d'une statue en plâtre représentant la Liberté, qu'il sera tenu de faire placer provisoirement sur l'autel de la Patrie et replacer ensuite sur celui qui sera édifié à la place de la Paille; il fera remplir de plâtre ladite statue, qui est creusée en dedans, et la fera vernir de deux couches d'huile. »

Inventaire des objets d'art déposés le 21 juin dans le courent de la mission de France. — Cet inventaire mentionne plus de mille objets : le nom des soixante-seize émigrés auxquels ils appartenaient est inscrit à la première page; dix-huit d'entre eux, étant rentrés à Marseille quelque temps après, réclamèrent leur bien, qui leur fut restitué par l'autorité.

Parmi les objets mentionnés, on peut citer à M. David, fabricant de soufre : Un *Coypel*, des *Batailles*, des *Flamands ;* totalité, quatorze tableaux et rouleau d'estampes.

A M. de Chevigny : *La Charité romaine*, estimé 1,200 livres. (Aujourd'hui au Musée de Marseille.) Le reste avait été vendu.

A M. de Montolieu : Un tableau de *Serre*.

A M. Timon David : Un portrait par *Puget*, un *Portrait de Puget* en camaïeu.

A M. de Bressac : Sa collection se composait de plus de deux cents pièces, *portraits, sculptures*, etc., etc.

Cet inventaire était signé à la fin : « J'ai reçu les objets mentionnés ci-dessus. »

Marseille, le 3 messidor an IIIe de la République française.

Signé : CASEBLANC, Vve FONVIEILLE.

24 août 1794.

Municipalité de Marseille. — Avis aux instituteurs et institutrices des écoles non primaires.

« Citoyens. — Depuis l'organisation des écoles primaires, la municipalité est instruite des infractions faites à la loi par des instituteurs ou institutrices avides, et par des parents encore étrangers aux principes de l'Égalité républicaine.

« Les uns, sous le spécieux prétexte de la liberté de l'enseignement, pourvus de leur certificat de civisme, admettent, dans leurs écoles, les enfants de tout âge, et entretiennent ainsi dans la classe aisée des citoyens, les distinctions humiliantes pour des individus moins fortunés et qui doivent avoir pris fin avec le règne des tyrans.

« Les autres profitent bien volontiers de cette funeste ligne de démarcation qui flatte leur amour-propre et leur orgueil.

« C'est pour faire cesser ces abus que la municipalité prévient les instituteurs et institutrices, que l'âge de six ans jusqu'à onze appartient entièrement aux écoles du premier degré dont l'organisation récente ne permet pas aux parents de prouver que leurs enfants ont fréquenté lesdites écoles au moins pendant trois années consécutives.

« Ainsi, tous instituteurs ou institutrices autres que ceux des écoles primaires et ceux qui n'enseignent pas à lire, sont tenus de déclarer à la municipalité les nom, prénoms, âge et domicile de tous leurs élèves, et ce, dans l'espace de deux décades, à compter du jour de la publication du présent avis ; à défaut, leurs écoles seront fermées et ils seront poursuivis comme infracteurs de la loi.

« Fait à Marseille, dans la maison commune, le 6 fructidor, l'an deuxième de la République, une, indivisible et démocratique.

« Les officiers municipaux : Garoute, président.

« Par mandement : Bévèche fils, secrétaire adjoint. »

1795.

Instruction publique. — Commissaires. — « 25 nivôse an III (15 janvier). — Il a été fait lecture d'une lettre du district, où il annonce qu'en vertu de la loi du 27 brumaire, les citoyens Bardou, Odossin et Joyeuse ont été nommés en qualité de jurés pour recevoir les plaintes qui pourraient s'élever contre les instituteurs ; le Conseil a délibéré qu'il sera fait un avis pour avertir le public des heures et lieux où ces trois citoyens recevront les plaintes. »

29 nivôse an III (20 janvier). — Le Conseil a délibéré l'impression, au nombre de cent exemplaires, d'un avis relatif à l'examen des élèves pour l'École centrale des travaux publics.

Sculpture. — 9 pluviôse an III (28 janvier). — Délibération relative à un acompte de 1,200 livres à payer au sᵣ Renaud, statuaire, pour le travail qu'il a déjà fait en exécution de la cheminée de la salle du Conseil, en conformité de l'arrêté du représentant Meynier, en date du 24 ventôse dernier.

10 pluviôse an III (29 janvier 1795). — Le citoyen Cadroy, représentant du peuple, prononce, en présence des citoyens et citoyennes assemblés, un discours portant en substance que « la Montagne, qui formait la tribune de la Société populaire, venant d'être détruite par lui qui a donné le premier coup, et par le peuple qui a suivi son exemple, il chargeait la municipalité de faire enlever ses débris, de la faire remplacer par une autre tribune, dans le plus bref délai, et de procéder à l'enlèvement des figures de tigres et de léopards, emblèmes de la terreur, qui décoraient les tribunes publiques de cette Société ». Sur quoi le Conseil a délibéré d'expédier sur-le-champ les architectes de la commune, à la Société populaire, pour l'exécution des ordres du représentant du peuple Cadroy.

Théâtres. Représentations populaires abolies. — 19 pluviôse an III (7 février). — Les représentants en mission dans les Bouches-du-Rhône et le Var prennent l'arrêté suivant :

« Considérant que les représentations gratis qui se donnent sur les deux théâtres de Marseille, remplissent peu l'esprit du législateur, qui veut que toujours les plaisirs et les récréations que l'on offre au peuple soient pour lui un délassement et une instruction, que surtout ils soient goûtés, sentis, et reçus par la décence, compagne des bonnes mœurs, et que l'honnête citoyen les partage pour y puiser les leçons et les exemples des vertus ;

« Convaincus que les spectacles de Marseille présentent, le décadi, des assemblées tumultueuses où l'honnêteté et la politesse règnent peu, où les vociférations écartent les citoyens paisibles, où des hommes semblent accourir pour effrayer les artistes, alarmer les bons citoyens et dégrader les loges ;

« Les représentants arrêtent que les représentations qui se donnent gratis, chaque décadi, sur les deux théâtres de Marseille, sont supprimées. »

23 pluviôse an III (11 février). Sur la réquisition de l'agent national, le Conseil a délibéré qu'il serait fait un avis pour l'inscription des jeunes gens depuis quinze jusqu'a dix-neuf ans, qui voudraient être admis à l'École révolutionnaire de navigation.

Sculpture. — 16 messidor an III (30 juillet 1795). Demande accordée du payement de la somme de 1,000 livres au citoyen Ferdinand, sculpteur, pour placement de la statue de la Liberté sur le nouvel autel de la Patrie.

Peinture. — 17 vendémiaire an III (8 octobre). — Mandat de 780 livres à Fraize, peintre, pour les peintures de l'autel de la Patrie.

Musique. — 18 vendémiaire an III (9 octobre). — Mandat de 248 livres payées aux joueurs de tambourin, pour la dernière fête des sans-culottes.

Fêtes publiques. — 9 brumaire an III (3 novembre). — Le Conseil délibère d'approuver et d'arrêter les dépenses occasionnées par la fête fraternelle du 1er germinal, dont le total s'élève à quarante-six mille neuf cent vingt livres nonante centimes.

Instruction publique. — 18 frimaire an III (8 décembre). — L'agent national a requis de faire rassembler dans un lieu de dépôts particuliers toutes les cartes, plans et autres ouvrages concernant la géographie, la topographie et l'hydrographie; conformément à l'arrêté du Comité de salut public, du 20 prairial, le Conseil délibère d'arrêter la réquisition, et de charger son Bureau des travaux publics d'y donner suite.

Observatoire de Marseille. — 22 frimaire an III (12 décembre). — Rapport en réponse aux demandes faites par la Commission d'instruction publique à Paris, relativement à l'institution de diverses écoles, cours, observatoire, etc., rapport adopté.

Création d'une école. — Même date. — *Observatoire :* devis et réparations montant à la somme de 5,398 livres :

« Le Conseil municipal, considérant que la police des écoles de marine est confiée à la surveillance des municipalités par la loi du 10 août 1791 (vieux style);

« Considérant que l'établissement de l'école de mathématiques dans l'édifice de l'Observatoire ne peut être que d'une très grande utilité pour les jeunes citoyens qui, s'adonnant à cette étude essentielle, trouveront à leur portée les occasions et les instruments qui peuvent faciliter leurs progrès et servir au développement de leur génie;

« Considérant que sous ce point de vue cet établissement peut contribuer à la prospérité de la République;

« A délibéré, ouï l'agent national, copie collationnée de la présente délibération, à la Commission de la marine des colonies, pour l'inviter à donner les ordres pour qu'il soit procédé à leur réparation, et à la translation de ladite École dans l'édifice de l'Observatoire de cette commune. »

DOCUMENTS

Les ventes d'objets d'art par ministère public sont inattaquables. — *L'Apothéose de saint Louis* avait été vendue à Aix en 1793, avec quelques autres tableaux, pour le prix de 100 francs. Deux ans après, la ville avait écrit au ministre pour obtenir de lui un ordre qui forçât le détenteur à les restituer, moyennant le remboursement du prix de vente; ce dernier demandait un chiffre vingt fois supérieur.

Le 27 floréal an III (16 mai 1795). Le directeur de la commission temporaire des Arts, adjointe au Comité d'instruction publique, adressait à l'administration du district d'Aix cette réponse :

« Le Directoire, qui ne peut voir sans douleur les écarts des « anciennes administrations, surtout dans la vente des objets d'art « et de tout ce qui intéresse l'instruction publique, constate que « si les ventes de ces objets ont été faites légalement et publique- « ment, l'acquéreur doit rester en possession de sa propriété, et « qu'on ne peut récupérer les objets qu'en traitant de gré à gré, etc. »

Le 27 messidor an III (16 juillet). — La ville d'Aix répondait qu'elle allait traiter de gré à gré et qu'elle prendrait les fonds dans la Caisse du receveur des districts.

(Archives de la préfecture.)

ÉPHÉMÉRIDES

1796.

Les administrateurs du département des Bouches-du-Rhône aux administrateurs du District de Marseille.

Aix, 29 nivôse an IV (18 janvier 1796).

Nous vous envoyons, citoyens, quantité d'exemplaires d'une adresse de notre administration relative à la fête que les vrais républicains doivent célébrer en mémoire de la mort du dernier tyran ; vous voudrez bien en faire parvenir de suite à toutes les communes de votre arrondissement, en les invitant à s'y conformer.

Réponse des administrations municipales d'Aubagne et de la Ciotat, relativement à l'anniversaire dont il vient d'être parlé.

A Aubagne, cortège composé d'un détachement de dragons, gendarmerie, garde nationale, à la tête de laquelle ont figuré les autorités constituées et un grand nombre de citoyens.

A la Ciotat, affiche et publication de l'adresse mentionnée ci-dessus, et invitation au commandant de la place de faire tirer le canon, afin de donner à cette fête toute la solennité possible.

Théâtre. — 7 pluviôse an IV (27 janvier). — Règlement au sujet des indigents touchant les théâtres de la commune.

« En conformité de l'arrêté du Directoire exécutif, dont la communication a été donnée par les directeurs des deux théâtres de cette commune, le Conseil a chargé le citoyen Bousquet, officier municipal, de constater, aux termes du susdit arrêté, la recette de la représentation qui devra être donnée une fois par mois sur chaque théâtre au bénéfice des indigents. »

Hospices. — *Droits des pauvres.* — 29 ventôse an IV (19 mars). —Sur le rapport d'un membre, le Conseil, prenant en considération les réclamations réitérées et pressantes qui lui ont été adressées par tous les administrateurs de tous les hospices de cette commune ;

« Considérant que ces maisons d'humanité sont dans le dénuement le plus absolu de fonds et de comestibles, que les individus qui y sont renfermés sont exposés à périr de faim et de misère, et qu'il importe de venir promptement à leur secours ;

« A délibéré : 1° de disposer en faveur des divers hospices de cette commune du produit des représentations données sur les deux théâtres de Marseille, en conformité de l'arrêté du Directoire exécutif, et dont le montant s'élève à deux cent vingt-deux livres trois sols en numéraire, et cent six mille cinq cent septante-trois livres dix sols en assignats ;

« 2° D'écrire au préalable au département et au ministre de l'intérieur, pour les prévenir de cette mesure, en leur observant que la municipalité croit remplir les vues du directeur exécutif lorsqu'elle alloue ce produit aux individus de ces hospices qui sont les vrais indigents de cette commune dont les besoins sont les plus urgents. »

Fêtes publiques. — 24 germinal an IV (14 avril). — Procès-verbal de la fête de la Jeunesse déposé au greffe des municipalités.

26 germinal an IV (16 avril). — Dépenses occasionnées par ladite fête de la Jeunesse, 3,300 livres.

Théâtre. — 28 germinal an IV (18 avril). — Le directeur du grand théâtre de Marseille est tancé vertement pour n'avoir pas fait connaître au Conseil municipal le titre de la pièce qui devait être choisie pour l'ouverture dudit théâtre, ainsi que l'ordonnent les lois des 16 et 24 août 1790, 2 et 14 août 1793 (vieux style) sur la police des théâtres.

Autel de la Patrie. — 14 floréal an IV (4 mai 1796). — Les officiers municipaux aux citoyens administrateurs et procureur syndic du District :

« La municipalité, citoyens, devant d'ici au vingt de ce mois faire dresser un autel de la Patrie, et étant parvenu à sa connaissance que l'administration a deux autels en marbre sous l'escalier, ceux provenant de l'émigré Choiseul Gouffier; puisqu'ils ne sont d'aucun usage dans ce moment, nous pensons que l'administration ne nous refusera point le plus grand des deux pour cet objet.

« Salut et fraternité.

« *Signé :* J.-B. FOURNIER, ESCALON fils, H. MICOULIN, officiers ministériels. »

Musique. — 21 floréal an IV (11 mai). — Les trois joueurs de tambourin engagés pour la fête des Jeunes Époux réclamant leur payement, le Conseil délibère de leur faire accorder neuf livres, valeur fixée.

3 prairial an IV (23 mai). — Un décret du ministre de l'intérieur ayant nommé une Commission municipale pour la ville de Marseille, son installation eut lieu ce jour-là.

La ville avait été divisée en trois arrondissements devant chacun posséder une mairie : 1° celle du Midi; 2° celle du Centre; 3° celle du Nord.

Les registres des délibérations de chacune de ces mairies ne mentionnent dès lors que des actes administratifs ou des mesures d'ordre.

1797.

Peinture. — 23 messidor an V (11 juillet 1797). — Réattu réclame le payement de ses peintures du temple de la Raison (aujourd'hui église des Prêcheurs), s'élevant à la somme de 2,839 francs. Le ministre, à la date précédente, invitait la ville de Marseille à solder l'artiste sur les fonds communaux, en lui faisant observer « qu'un plus long délai lui ferait perdre l'avantage des compensations qu'il désirait obtenir dans l'acquisition d'une propriété nationale, dont il était soumissionnaire, et dans laquelle se trouvait son unique ressource, pour cultiver son art et alimenter sa famille ». Il s'agissait probablement alors du grand prieuré de la commanderie de Malte à Arles, où est encore installé le Musée qui porte le nom de Réattu.

Après la chute de Robespierre, le gouvernement rappela les élèves de l'école de Rome, alors désorganisée. Réattu, un de ses plus brillants sujets, arrivait à Marseille; parmi beaucoup de travaux commencés (tous conservés à Arles), il apportait alors l'esquisse d'*Apollon, Neptune et les Ouragans* (idée empruntée à Homère), et l'*Échelle mystérieuse*, tableau considéré comme son chef-d'œuvre.

Ces peintures avaient placé Réattu si haut dans l'opinion de ses compatriotes, que l'Administration offrit à l'artiste, comme domicile, une belle maison située sur la place Royale, ornée de bains et de jardins. Il y peignit l'*Incendie de la maison d'Alcibiade*, dont il ne reste que trois fragments, diverses esquisses : *la Ville de Marseille faisant construire le lazaret, le Triomphe de la Liberté, la Mort de Lucrèce, Mercure et Argus, Ixion attaché sur la roue par les Euménides.*

Le représentant Maignet avait pris Réattu en affection. Par un arrêté du 11 fructidor an II (29 août 1794), il l'avait chargé de la transformation de l'église des Prêcheurs en temple de la Raison, servant à Marseille pour la célébration des fêtes nationales. Il s'agissait de vastes grisailles peintes sur toile à appliquer à son pourtour ; on les retrouve encore à Arles, dans son Musée.

(Ces toiles avaient été restituées au peintre lorsque l'église fut rendue au culte catholique.)

1798.

Nous ne poursuivrons pas plus loin l'inspection des registres des trois mairies de Marseille, attendu qu'ils ne nous apprennent rien touchant le mouvement des lettres, des sciences et des arts ; nous ne la reprendrons que lorsque ces trois mairies seront de nouveau appelées à siéger à l'ancien hôtel de ville, en ne formant plus qu'une seule et même Commission. Or, ce fut par un décret du Corps législatif que cette mesure fut ordonnée, sur le rapport du citoyen Carion-Nisas, 15 ventôse an XIII (5 mars 1805).

PIÈCES ET DOCUMENTS

RELATIFS AU MUSÉE DE MARSEILLE ET A SON ÉCOLE DE DESSIN

L'Académie des belles-lettres et celle de peinture de Marseille une fois dispersées (21 août 1793), une Commission fut nommée, le 6 novembre 1794, dans le but de sauvegarder et de cataloguer les livres, tableaux, monuments d'art, et les collections de physique et d'histoire naturelle. En réalité, elle était chargée de ramasser les épaves intéressant l'art et la science, échappées au naufrage de nos vieilles institutions civiles et religieuses.

Cette Commission, dont les attributions étaient fort étendues, était composée de cinq membres : MM. Achard, Paris, Guinot, Odossaint, Guénin.

Le 9 novembre, on adjoignit à ces messieurs un nouveau membre : le citoyen Jean-François Aubert, lequel fut nommé secrétaire le 26 du même mois. Le 1er décembre suivant, le peintre Fontainieu fut appelé à son tour dans cette Commission.

Le 9 mars 1795, le citoyen Paris, étant devenu administrateur du District, céda sa place au citoyen Croze-Magnan.

En 1796, cette Commission temporaire des arts, changeant sa dénomination, prit celle de Conservatoire du Musée des Arts.

En 1798, pour répondre à l'importance de ses travaux, elle fut autorisée à prendre, cette fois, le titre de : *Administration du Musée National.*

Quant à la création de l'École de dessin de la ville, elle date de 1796. Guénin en avait été nommé le professeur. Nous avons lieu de croire que Guénin n'avait pas eu à se louer de ses confrères de la Commission. Nous avons sous les yeux un long factum (carton nº 1, Archives de la mairie), sans date, mais qui doit se rapporter à l'année 1802, Goubaud lui ayant succédé dans la direction de ladite École en l'an XIII (1805). Voici un aperçu de cette pièce :

LIBERTÉ.ÉGALITÉ.

Aux citoyens administrateurs du bureau central
du canton de Marseille[1].

« Le citoyen Guénin, administrateur du Musée et professeur de « l'École gratuite de dessain.

« Croit quil est instant de vous faire conoitre le peu densemble « ou la mésintelligence qui cest glicé dans cet établissement oca-

---

[1] L'orthographe est respectée.

« sioné peutaitre par loubli du gouvernement, ce qui toutefois n'a
« peu ralentir le zelle infatiguable du sus dit, puisque depuis
« cinq années, il na cessé de donné ses soins aux jeunes citoyens
« qui luy ont été confiés. Après avoir rassamblé les débris de len-
« cienne écolle de Marseille, il les a fait restorer et a fait des
« débours qui luy sont deux encore; il a vidé ses portefeuilles et a
« fourni tous les materriaux quil luy a été possible, mais tous ces
« objets ne peuvent suffire malgré ce quil y ajoute journellement
« de ces œuvres; atandu l'affluence des élèves qui se présentent
« continuellement, il seroit donc nécessaire d'augmenter et renou-
« veller ces materriaux sy propres à l'étude et à lémulation des
« jeunes artistes, de plus, un concierge est indispensable pour sur-
« veiller et soigner une écolle sy nombreuse, et pour médiocre que
« soit ses apointements, encore faut-il bien qu'il en resoive. »

Cette pièce contient ensuite une foule de récriminations de
Guénin contre ses confrères, et surtout contre M. Achard. Il
avait formé le projet de faire contribuer chaque élève pour une
somme de vingt-cinq francs par an, dans le but de soutenir l'Ecole,
lequel argent devrait être versé entre les mains des administrateurs.
Et il termine par ces mots :

« J'ose espérer, citoyens administrateurs, que vous userez de
« votre autorité et vous réunirés à moy pour procurer l'instruction
« à vos jeunes concitoyens, en ordonnant que l'Écolle de dessain
« continuera destre ouverte sans interruption jusqu'à ce que le gou-
« vernement soit instruit de ce qui se passe, et quil donne enfin
« cette organisation depuis sy longt temps promise, qui seulle
« peut mètre de lordre, en imposer à l'intrigue en mètant chacun
« à sa place; cest avec la plus vive impassience que j'attends ce
« bienfait auquel vous pouvés baucoup contribués.

« Je me dis avec respect votre concitoyen.

Signé : Guénin. »

Local nécessaire au Musée réclamé, et copie d'une lettre de
Chardigny.

Les cartons des Archives de la mairie nous offrent encore les
pièces suivantes :

4 brumaire an V (25 octobre 1796). — Les conservateurs du Musée réclament l'évacuation de la partie du local des Bernardines nécessaire à l'installation du Musée. *Signé :* Fontainieu, Guénin, Achard et François Audibert.

L'ouverture des cours de dessin, dont l'École est placée sous la direction de Guénin, aura lieu aussitôt que ledit local sera libre.

2 germinal an VI (23 mars 1798). *Copie de la lettre du citoyen Chardigny à l'administration centrale du canton de Marseille :*

« Citoyens administrateurs, — J'ai l'honneur de vous prévenir « qu'il existe dans la ci-devant église des Refformés, au champs du « 10 août, deux tableaux dont l'un représente une *Descente de* « *croix* et l'autre un *Saint en extase devant la Vierge.* Ces « tableaux me paraissent mériter une place au Musée.

« En conséquence, je vous invite à les faire déplacer, ainsi qu'un « troisième du Puget, qui se trouve à l'hospice de la Charité ; il « représente une *Magdeleine au pied d'un Christ.*

« *Signé :* Chardigny.

« Pour copie conforme, le chef de la correspondance.

« *Signé :* Gassin. »

Tableaux. — 8 et 11 germinal an VI (29 mars et 1ᵉʳ avril 1798). Nouvelle pièce signée de Guénin et Achard, indiquant que des tableaux de mérite sont renfermés dans l'église des Réformés et dans celle des Carmelins.

1ᵉʳ brumaire an VI (22 octobre 1797). Un convoi d'objets d'art doit passer par Marseille :

« Le ministre invite les administrateurs à veiller avec grand soin sur ces chefs-d'œuvre, honorables fruits des conquêtes de la République et éternels monuments de la gloire nationale. »

Ces objets furent envoyés par eau jusqu'à Lyon ; le 5 novembre suivant, ordre était donné au phare de Bouc d'être éclairé pour ce passage.

5 fructidor an VI (23 août 1798). Arrêté donnant tout au long

le programme de la fête des Vieillards (conformément à la loi), devant avoir lieu le 10 fructidor prochain, dans l'arrondissement de la municipalité du Midi, détails, marches du cortége, etc.

En l'an VII (1798). Toutes les autres pièces relatives au Musée sont signées : GUÉNIN, C. ODOSSAINT, François AUBERT, ACHARD.

LIBERTÉ.   ÉGALITÉ.

Marseille, le 16 ventôse an 7ᵉ (6 mars 1798).

Les administrateurs du Musée aux citoyens administrateurs
de la municipalité de Marseille (section du Nord).

« Citoyens, — Nous vous invitons à venir participer à la fête de
« la régénération des Arts à Marseille : les habitants de cette grande
« commune verront avec satisfaction que l'instruction publique ne
« sera plus négligée. Décadi prochain, la cérémonie de l'ouver-
« ture de la bibliothèque du Musée attirera dans notre local tous
« les amis des Arts ; venez-y prendre place parmi ceux qui en sont
« les protecteurs ; nous serons très-flattés de vous y voir occuper
« cette place, et votre présence sera pour les élèves un encourage-
« ment qui, redoublant leurs premiers efforts, développera des
« talents précieux à la République et aux Arts.

« Salut et fraternité.

« Les administrateurs du Musée. *Signé :* ACHARD, J.-B. AUDIBERT,
C. ODOSSAINT, GUÉNIN. »

Les pièces qui vont suivre se rattachant à un seul artiste, nous en faisons un chapitre distinct.

TOPINO LEBRUN.

LIBERTÉ ÉGALITÉ.

Département des Bouches-du-Rhône, Bureau des travaux et établissements publics, Section deuxième, Sciences et arts.

Aix, le 24 frimaire an VIIme (15 déc. 1798) de la
République française, une et indivisible, n° 1177.

Les administrateurs du département des Bouches-du-Rhône aux commissaires du Bureau central, à Marseille.

« Le ministre de l'intérieur, par sa lettre du 10 courant, nous charge, citoyens, de vous faire part que le gouvernement vient d'acquérir le tableau de la *Mort de C. Gracchus,* et qu'il avait arrêté qu'il en serait fait don à la commune de Marseille. Vous ne pouvons mieux vous faire connaître les motifs qui ont fait prendre cette détermination au gouvernement qu'en vous transmettant copie de la lettre du ministre.

« Salut et fraternité.

« *Signé :* MALLAMAND, J.-B^{te} FOURNIER, B^{te} BARBIER. »

Copie de la lettre du ministre de l'intérieur à l'administration centrale du département des Bouches-du-Rhône.

Paris, le 10 frimaire an VII de la République française
(1er décembre 1798).

« Citoyens, le gouvernement se proposant d'exciter une honorable émulation entre les artistes par les distinctions qu'il accorde à ceux qui consacrent leurs pinceaux à des sujets historiques ou moraux, surtout lorsqu'ils ont pour but de ranimer le feu sacré du patriotisme et d'alimenter le respect pour les lois et la Constitution, vient d'acquérir le tableau de la *Mort de C. Gracchus,* et a arrêté qu'il en serait fait don à la commune de Marseille. Marseille a vu naître l'artiste : son ouvrage a été distingué par l'Institut national, et son nom honorablement proclamé au Champ de Mars lors de la fête de la République.

« Il est utile et politique de rendre aux communes une partie des honneurs mérités par les hommes qui naquirent dans leur sein, c'est élever entre elles une heureuse rivalité de gloire et de vertu. Les cités de la Grèce regardaient comme un triomphe pour elles-mêmes celui que les athlètes nés dans leurs murs avaient obtenu aux jeux Olympiques.

« C'est avec intérêt sans doute que l'on contemplera ce monument de l'art et du patriotisme au sein de la ville des anciens Phocéens, où brûle depuis si longtemps le flambeau des Arts et de la Liberté.

« Je vous invite, citoyens, à faire part à la commune de Marseille de ces dispositions du gouvernement, dont je me félicite d'être l'organe auprès de vos concitoyens.

« Salut et fraternité.

« Signé : François DE NEUFCHATEAU.

« Certifié conforme. Signé : J. RICARD, secrétaire en chef. »

Topino Lebrun, impliqué dans la conjuration de Cérachi, Arena et Demerville, avait été jugé le 9 janvier 1801 (19 nivôse an IX). Tous quatre avaient porté leur tête sur l'échafaud le 31 janvier suivant. La mort de l'artiste devait suffire ; la proscription ne devait pas atteindre son œuvre. Le ministre de l'intérieur, se préoccupant de sa conservation, écrivait, l'année même de la mort du peintre, c'est-à-dire le 17 ventôse an IX (10 mars 1801), au préfet du département, la lettre suivante :

« Il existe, citoyen préfet, dans une salle de la maison nationale du Plessis, un tableau d'environ dix-huit pieds de large sur treize pieds de hauteur, représentant un trait de l'histoire des Gracques, composé par feu Topino Lebrun, et devenu, par un acte de l'autorité publique, la propriété de la ville de Marseille. Je vous invite à faire choix d'un endroit où il puisse être placé convenablement et à me le désigner dans le plus court délai. J'ai donné ordre, en attendant, qu'il fût déposé au Musée central des Arts, d'où il vous sera expédié aussitôt que votre réponse me sera parvenue.

« CHAPTAL. »

Copie de cette lettre était envoyée par le préfet, le 2 germinal an IX (23 mars 1801), au conservateur du Musée, M. Achard, qui lui répondait :

« Nous avons reçu votre lettre dans laquelle vous nous faites part de celle qui vous a été adressée par le ministre, relativement au tableau de Topino Lebrun que le gouvernement a acheté pour la ville de Marseille ; comme nous avons un grand tableau de Natoire qui doit orner l'un des fonds de notre galerie, le tableau de Lebrun pourra faire son pendant. »

Le citoyen Achard terminait en demandant qu'il fût voté des fonds pour que la galerie pût être terminée ; il demandait, de plus, l'autorisation de recueillir tous les tableaux du département enlevés aux églises et aux émigrés, ainsi que ceux qui avaient été promis de Paris.

L'œuvre capitale de Topino Lebrun allait prendre sa place dans sa ville natale. Elle fut expédiée à Marseille, cinq mois après la lettre précitée, c'est-à-dire en août 1801.

Tous les dictionnaires biographiques de l'époque mentionnaient ce tableau comme figurant dans ledit Musée, tandis qu'en 1817 il n'y était pas encore entré.

Topino Lebrun avait conspiré contre Bonaparte, mais il avait été juré du tribunal révolutionnaire, cela ne constituait pas un royaliste néanmoins. Topino Lebrun avait osé lutter contre le tyran, il s'était déclaré son ennemi, c'en était assez. A la rentrée des Bourbons, son nom était prononcé, et le ministre écrivait au préfet de Marseille, en avril 1817, pour lui demander des renseignements sur le tableau de Caïus Gracchus, expédié à Marseille en 1801, et les raisons pour lesquelles il n'avait pas été placé au Musée. Et le maire de Marseille s'empressait de répondre la lettre qui suit :

« Monsieur le préfet, — Ce tableau n'a jamais été placé au Musée. Lorsqu'il arriva à Marseille, cet établissement n'était pas encore formé. Il existait alors dans cette ville, sous l'autorité immédiate du préfet, une Commission pour la conservation des objets d'art, qui se trouvaient entassés et confondus dans un dépôt, ne pouvant être aussi bien soignés que dans le Musée. Il paraît même que le tableau dont il s'agit, vu sa grande dimension, ne fut pas renfermé à son arrivée dans ce dépôt commun, il fut placé dans l'hôtel Roux de Corse, ou siégeait la mairie du Midi. Il y était déployé dans toute son étendue dans une des parties du local où le public avait accès. Cette exposition lui fut extrêmement nuisible, il souffrit d'abord de l'atteinte de l'air, ainsi que de celle des gens qui, faute d'attention, contribuaient à le détériorer. A certaine époque surtout, il souffrit de dégradations plus grandes, attendu que le nom du principal personnage qu'il représentait se trouvait rappeler des idées liées à la Révolution. La condamnation de l'auteur, par suite d'un complot contre Bonaparte, fut également nuisible à l'ouvrage par un motif opposé.

« Enfin, il était extrêmement mutilé à l'époque où l'hôtel Roux de Corse fut destiné au siége de la préfecture. On déblaya cet hôtel pour faire des travaux d'appropriation relatifs à sa nouvelle destination. Ce tableau fut alors déplacé sans ménagement et déposé, plié et froissé, dans un des galetas de l'hôtel de ville. Il y fut entassé alors avec d'autres vieux effets de peu de valeur, et il y demeura ignoré.

« En 1809, d'après une délibération du Conseil municipal et avec l'approbation du préfet, M. le baron de Saint-Joseph, alors maire de Marseille, fit procéder à la vente des vieux effets mobiliers de l'hôtel de ville. Le tableau en question, se trouvant au nombre de ces vieux effets, fut compris dans cette vente; il devait être en bien mauvais état, puisque dans l'estimation générale desdits effets, il n'avait été porté que pour le prix de 50 francs.

« Tels sont, M. le préfet, les renseignements que j'ai pu recueillir sur ce tableau.

« Signé : DE MONTGRAND. »

En 1862, sur la foi des biographes dont je viens de parler, j'avais affirmé à mon tour, dans mes *Annales de la peinture*, que ce tableau figurait au Musée de Marseille. J'étais en défaut. Je fouillais alors obstinément dans nos Archives, quand j'en retrouvai les traces; j'en étais là de ma découverte, lorsque le tableau lui-même s'offrit à mes regards. Un M. Glize, peintre d'un certain mérite, vint s'installer dans une des grandes salles de mon domaine du quai de Rive-Neuve. Appelé par lui pour visiter une grande toile qu'il réparait, je reconnus tout aussitôt l'œuvre de Topino Lebrun.

En 1865 et en 1866, j'appelai sur elle l'attention de nos édiles, je les engageai à en faire l'acquisition. Ces articles furent réunis en un petit volume intitulé : *Fragments faisant suite aux Annales de la peinture,* et en 1866, ces fragments furent réédités. Vers 1880, la ville s'est décidée à faire l'acquisition de ce tableau.

MUSÉE

L'organisation du Musée de Marseille ne date en réalité que de 1802. Charles Delacroix, alors préfet, avait nommé Achard conservateur du Musée et de la Bibliothèque de la ville. L'autorité supérieure avait décidé à ce moment de faire du couvent des Bernardines le centre des Beaux-Arts, en y réunissant la *Bibliothèque,* le *Musée,* les *Écoles communales,* le *Conservatoire de musique,* le *Jardin botanique* et le *Muséum d'histoire naturelle.*

Le ministre avait approuvé ces dispositions, et le préfet fit venir d'Arles deux tombeaux pour le Musée; il fit transporter dans une des cours du couvent des Bernardines les tombeaux et inscriptions qui se trouvaient dans la crypte de l'église Saint-Victor, dont on avait suspendu alors la démolition.

A cette époque, le gouvernement rassemblait à Paris une grande quantité de tableaux provenant des conquêtes de nos armées; une partie de ces tableaux devait être distribuée en dons aux quinze principales villes de France, pour en former des Musées.

Charles Delacroix s'empressa donc de réclamer pour Marseille, afin qu'elle fût comprise dans cette distribution.

Le 4 frimaire an X (25 novembre 1801), le préfet reçut une réponse favorable du ministère, et par un arrêté du 30 thermidor an X (18 août 1802), la part de Marseille devait comprendre d'un seul coup quarante-quatre tableaux, la plupart appartenant aux écoles italienne et flamande.

Ce lot de tableaux fut réduit au nombre de trente et un pour le premier envoi, et les conseillers municipaux, fidèles aux traditions de leurs devanciers économes, s'épouvantèrent de la dépense que leur occasionneraient les réparations de ces œuvres.

Procès-verbal de la séance du 10 *fructidor an* X (28 *août* 1802).

La lettre du ministre de l'intérieur annonçant l'envoi de ces tableaux, reproduite dans la délibération de ce jour, est ainsi conçue :

« La Commission d'artistes que j'avais chargée de désigner les tableaux à distribuer à chacun des Musées établis dans les départements a terminé son travail, citoyen préfet, et je puis vous envoyer aujourd'hui l'état des tableaux destinés à la commune de Marseille.

« Une partie de ces tableaux doit être restaurée, je ne pourrais mettre ceux-là à votre disposition qu'après le nettoyage, mais vous pouvés faire prendre dès à présent tous ceux qui sont en bon état. J'ai chargé l'administration du Musée central de les remettre à la personne que vous lui indiquerés ; il est nécessaire que l'encaissement s'en fasse sous les yeux et par les ouvriers qu'elle emploie, afin d'assurer leur conservation pendant le voyage. Ainsi l'administration ne donnera les tableaux qu'encaissés, et vous voudrés bien pourvoir aux frais d'encaissement, transport, etc.

« Il vous eût été impossible de trouver dans votre département des artistes qui connussent l'art très-difficile de la restauration. Vous voudrés bien encore prendre des mesures pour que les frais de réparations nécessaires pour remettre en état vos tableaux soyent exactement acquittés. Je vous invite à correspondre à ce sujet avec l'administration du Musée.

« Signé : Chaptal. »

« Ouï cette lettre, sur les observations de plusieurs de ses membres, le Conseil, considérant qu'il existe dans le Musée établi à Marseille une infinité de tableaux qu'il est urgent de restaurer ;

« Délibère par motif d'économie, et pour éviter les doubles emplois, de fixer son choix, sur la liste des tableaux présentés, à ceux dont suit la nomenclature :

« Savoir :

« *L'Homme entre le Vice et la Vertu,* de Crayer.
« *La Présentation au Temple,* de Le Sueur.

« *La Madeleine,* de Domenichino (*sic*).

« *Saint Paul lapidé,* de J.-Bⁱˢ de Champagne.

« *Le Soleil couchant,* de Patel Letué.

« *Le Clair de lune,* de Patel Letué.

« *La Résurrection,* de Rubens.

« *L'Adoration des bergers,* de Rubens.

« *Une Sibylle,* de Luco Giordano (*sic*).

« *Un Paysage,* de Brughels. »

Suit un paragraphe relatif aux frais que nécessitera cet envoi.

Le préfet, Charles Delacroix, répondait à cette délibération par la lettre suivante :

LIBERTÉ.   ÉGALITÉ.

Département des Bouches-du-Rhône, Division, Secrétariat général.

Marseille, le 17 vendémiaire an II de la République française
(9 octobre 1802).

Le préfet du département des Bouches-du-Rhône aux membres du Conseil municipal.

« J'ai reçu, citoyens administrateurs, l'extrait de la délibération que vous avez prise le 23 fructidor de l'an X (11 septembre 1802), et par laquelle vous avez décidé, d'après des vues d'économie, de ne choisir que dix tableaux sur les trente-un qui composaient le lot que le ministre de l'Intérieur destinait au Musée de Marseille, et de renoncer à ceux dont la restauration vous a paru exiger des frais trop considérables. Je ne puis qu'applaudir à la sagesse du motif qui vous a déterminés à les refuser. Mais je dois vous observer que le gouvernement, en établissant un Musée national dans les quinze principales communes de la République, n'a pas eu seulement en vue leur embellissement particulier ni l'avantage qu'elles pourraient en retirer. Il a voulu encore mettre à la portée d'un certain nombre de départements des moyens d'instruction, des modèles pour les artistes, et faciliter ainsi les progrès du goût et des arts; c'est donc le gouvernement seul qui a le droit de décider le nombre et la nature des objets qui doivent être admis dans ces établissements qui ne sont en quelque sorte que confiés aux soins des communes, sans devenir pour cela propriété communale, puisque le gouvernement a toujours le droit de disposer de tous les objets qui y sont renfermés.

« Vous m'observerez peut-être que, dans ce cas, ce serait au gouvernement à en supporter les frais, mais je vous répondrai que ce n'est qu'à condition que ces frais seront à la charge des communes, qu'il leur accorde l'avantage de posséder un établissement de cette importance, envié de toutes les grandes communes de la République, qui doit attirer nécessairement un concours nombreux d'étrangers et d'artistes, et fournir aux habitants des moyens faciles d'instruction et de jouissance.

« Je me permettrai encore de vous observer que parmi les tableaux que vous avez refusés se trouvent des ouvrages des plus grands maîtres, entr'autres : un *Pérugin,* un *Jules Romain,* un *Carache,* un *Bassano,* qui sont des monuments précieux pour les arts, et dont vous auriez un jour des regrets d'avoir privé le Musée.

« D'après ces considérations, j'ai cru devoir différer l'envoi au ministre de l'extrait de votre délibération jusqu'à ce que vous ayez répondu aux observations que je vous transmets.

« J'ai l'honneur de vous saluer,

« Ch. DELACROIX. »

Séance du 24 vendémiaire an XI (16 octobre 1802).

« Ouï cette lettre du 17 vendémiaire, et après avoir pris une nouvelle connaissance de celle écrite au préfet du département, le 30 thermidor an X, par le ministre de l'Intérieur, accompagnant l'État des trente-et-un tableaux formant le lot échu à la ville de Marseille, sous le n° 11.

« Le Conseil, après due discussion, persuadé que la commune a le plus grand intérêt à ce qu'il soit créé dans son sein un Musée national, que cet établissement, organisé sous les plus heureux auspices, sera susceptible d'un grand accroissement, étant encouragé et soutenu par le gouvernement qui lui offre déjà une preuve authentique de sa bienveillante protection dans le don des tableaux destinés à son ornement ;

« Considérant d'ailleurs que cette collection intéressante pour la commune sera pour les artistes un puissant sujet d'instruction et un légitime motif de curiosité pour les amateurs et les étrangers, qui y reconnaîtront le pinceau de quelques grands maîtres ;

« Délibère d'accepter avec reconnaissance le don des trente-et-un tableaux réservés pour le Musée national de Marseille, d'en remercier le ministre de l'intérieur.

« Il délibère en outre que les frais d'encaissement, de transport et de restauration des tableaux précités, seront acquittés par la commune, des fonds affectés aux dépenses imprévues de l'an XI. »

Lorsque le préfet Charles Delacroix, en fructidor an XII (septembre 1804), fit l'ouverture du Musée, il contenait en tableaux :

Dons du gouvernement.	42 toiles précitées.
Provenant des églises et monastères. . .	52	»
Des établissements publics et châteaux. .	38	»
Total.	132	»

On le voit, des 44 tableaux offerts par le gouvernement, 42 seulement étaient arrivés à leur destination. Puis, en 1815, deux d'entre eux furent réclamés, l'un par le grand-duc de Toscane, l'autre par les Pays-Bas.

Le premier, signé du Pérugin, représentait le Christ sur les genoux de la Vierge, soutenu par saint Jean et la Madeleine, accompagnés de saint Joachim et saint Joseph d'Arimathie. Il a été réintégré au palais Pitti à Florence.

Le second, peint par Van Dyck, représentait aussi le Christ sur les genoux de la Vierge. Il appartenait à l'une des églises de la Haye, à laquelle il a été restitué.

ÉPHÉMÉRIDES

1799-1802.

Nous avons dit au chapitre précédent : *Musée,* que le gouvernement rassemblait à Paris les œuvres d'art devenues le fruit des conquêtes de la République.

Les communes de France, de leur côté, rivalisaient de zèle et votaient des monuments en l'honneur du premier consul et de ses généraux.

Indiquons donc la date des principaux événements ou faits s'y rattachant.

L'an VIII, 29 ventôse (20 mars 1800). — Un arrêté des consuls ordonne que, dans les chefs-lieux de tous les départements, des colonnes soient élevées à la mémoire des braves du département morts au champ d'honneur. (Chardigny avait fourni deux projets dont l'un fut adopté.)

L'an X, le 10 brumaire (3 novembre 1801). — La ville d'Aix veut de son côté élever un beau monument à Bonaparte. La circulaire suivante, qui peint l'exaltation des idées à cette époque, et qui accompagne le projet dudit monument, est ainsi conçue :

« Citoyens. — L'administration ne doit point être stérile. Le héros à qui la France est redevable de sa gloire et dont le génie militaire a dirigé sa valeur ; l'homme d'État qui a fait respecter sa patrie par toutes les puissances de l'Europe, qui lui a donné une paix honorable et glorieuse, et qui a pacifié le monde ; le sage qui a donné aux Français une paix extérieure, le repos et la félicité ; l'homme de génie qui a restauré les sciences et les arts, vivifié le commerce et procuré l'abondance ; en un mot, Bonaparte, l'orgueil de sa patrie et l'admiration de l'Europe, doit avoir des droits bien grands à la reconnaissance publique.

« Les anciens, ne sachant comment reconnaître ce qu'ils devaient à de pareils bienfaiteurs, en firent des dieux ; cette exagération, que l'importance des services rendait concevable, a perdu à travers les siècles ce qu'elle avait de miraculeux. Le respect et l'admiration ont succédé à ce merveilleux, et si les peuples ne trouvent plus aujourd'hui des expressions pour peindre leurs sentiments de reconnaissance, ils transmettent par l'histoire, à la postérité la plus reculée, les hauts faits et la gloire de leurs bienfaiteurs, et, par des monuments dignes d'eux, ils éternisent le souvenir de leur nom et de leurs bienfaits.

« L'histoire, qui a perpétué chez les Égyptiens les hauts faits de

Sésostris, chez les Grecs ceux d'Épaminondas, chez les Romains ceux de Curtius, de Paul-Émile, de Fabius, des deux Scipion, n'a jeté de racines profondes que dans le cœur de ceux qu'une éducation soignée a rendus instruits et réfléchis. Mais l'homme simple, qu'un art mécanique retient dans son atelier, ou le paisible habitant des champs, sans cesse occupé du soin de la culture, ignorerait encore le nom et la gloire de tous les grands hommes, si des monuments publics ne rappelaient sans cesse à ses yeux et à ceux de ses enfants leurs vertus et leurs bienfaits.

« Demandez aux simples agronomes de l'Albanie ce qu'était un Scanderberg; à ceux de Hongrie, un Huniade; à ceux de la France, un Duguesclin, un Turenne, etc., etc. Ces noms illustres n'ont frappé leurs esprits que dans les lieux où des monuments publics sont élevés en leur honneur. C'est par ces monuments qu'ils en parlent aujourd'hui avec reconnaissance et enthousiasme, et que leurs enfants suivront leurs exemples.

« C'est donc pour transmettre dans cette commune à la postérité la plus reculée le nom et la gloire du héros français, que la ville d'Aix a formé le projet d'élever en son honneur un monument digne de lui. »

Le tribun Siméon désapprouvait ce projet, et engageait ses concitoyens à employer les fonds qu'ils destinaient à la souscription de ce monument à réparer leurs propres toits, ou à élever et nourrir leurs enfants. Sa lettre, signalée au ministre, provoqua le plus vif mécontentement parmi les auteurs du projet.

L'an X, le 11 germinal (1er avril 1802), on inaugurait solennellement à Tarascon le buste du général Bonaparte.

A Marseille, on plaçait à la colline Bonaparte un monument à la mémoire du général Desaix.

Un autre monument était érigé en l'honneur de Joubert au fort Lamalgue, à Toulon, où sa dépouille était transportée. Ce fort devait prendre le nom de l'héroïque général.

Le préfet des Bouches-du-Rhône au citoyen président du Conseil municipal, à Marseille.

Le 6 messidor an X (26 juin 1802).

« J'ai l'honneur de vous adresser, citoyen président, l'état approximatif de ce que coûteront les médailles que le Conseil a résolu de faire frapper, rédigé par le citoyen Gaillard, directeur des Monnaies. Le haut prix des médailles en or me détermine à vous proposer de n'en faire frapper que huit, trois pour les consuls, une pour le ministre de l'intérieur, deux pour mesdames Bonaparte mère et belle-fille, et deux qui seront offertes aux deux frères

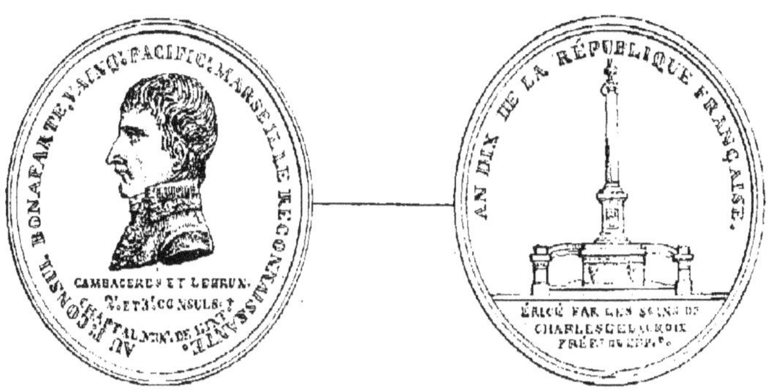

Médaille frappée à Marseille en l'honneur du Premier consul. Délibération du conseil municipal du 6 messidor an X. Charles Delacroix, préfet.

du Premier consul, Joseph et Lucien, comme une faible preuve de la reconnaissance du Conseil pour l'appui que vos députés ont trouvé en eux. Je vous propose d'en faire frapper de plus cent en argent, et quatre cents en bronze; d'en adresser cinquante en argent et cent en bronze, avec les huit en or, à vos députés à Paris, pour distribuer les premières aux ministres et aux conseillers d'État, et les autres aux personnes qui s'intéressent à votre commune. Le Conseil distribuera le surplus aux fonctionnaires publics et aux personnes pour lesquelles il a de la considération.

« Veuillez soumettre ces propositions à sa délibération et m'en faire part dès qu'elle aura été prise.

« *Signé :* Ch. DELACROIX. »

« Ouï cette lettre, et après due discussion, le Conseil délibère qu'il sera frappé dix médailles en or, dont huit recevront la destination proposée par le citoyen préfet dans la lettre ci-dessus, que la neuvième sera offerte au général Leclerc, beau-frère du Premier consul et pacificateur de Saint-Domingue, en témoignage des services qu'il a rendus à notre cité, dont le commerce s'étendra bientôt avec sûreté dans cette belle partie du nouveau monde, le Conseil se réservant de faire hommage de la dixième, selon ses désirs et l'impulsion de son cœur.

« Il délibère de plus qu'il sera frappé cent autres médailles en argent et quatre cents en cuivre pour être proportionnellement distribuées; enfin, que la dépense qu'entraînera cet objet sera payée des fonds affectés aux dépenses imprévues de l'an X.

« L'ordre du jour étant épuisé, le président a levé la séance, et l'ayant ajournée au jeudi 12 du courant, a signé avec le secrétaire le présent verbal dont extrait sera transmis au citoyen préfet. »

Convois d'objets d'art.

Le transit des convois d'objets d'art continue à se diriger sur Paris, passant par Marseille.

L'an X, le 24 fructidor (12 septembre 1802).—La Vénus de Médicis était expédiée de Palerme pour Marseille.

L'an XI, le 21 vendémiaire (13 octobre 1802). — La Vénus de Médicis arrivait à Marseille ; le prix du transport s'élevait à 2,786 fr. 40; elle avait été donnée à la France par le roi de Naples.

La Vénus avait été trouvée dans la villa Adriani, brisée en treize morceaux. Ces morceaux avaient été réunis avec un soin extrême dans la même caisse. M. Alquier, alors ambassadeur à Naples, la recommandait chaudement au préfet Charles Delacroix.

L'an XI, le 25 vendémiaire (17 octobre 1802). — Le même M. Alquier expédiait, par Marseille, la statue colossale connue sous le nom de la Pallas de Velletri.

L'an XI, le 19 frimaire (10 décembre 1802). — M. Defourneau, ancien membre de l'Académie de peinture de Marseille, avait envoyé quarante-neuf caisses d'objets d'art qui passaient dans notre ville au jour indiqué plus haut.

L'an XI, le 6 nivôse (27 décembre 1802). — Passait à Marseille un sieur Grégoire, accompagnant un troisième convoi d'objets d'art venant de Naples.

ÉPHÉMÉRIDES

1803-1806₁

L'an XI, le 19 floréal (9 mai 1803). — Le général Menou, administrateur et commandant en chef les six nouveaux départements réunis, envoyait de Gênes six nouvelles caisses pour le Muséum central.

L'an XII, le 24 nivôse (15 janvier 1804). — Le duc de Modène avait été frappé d'une contribution considérable de marbre statuaire. Le ministre les réclamait à Marseille, où ils étaient arrêtés par suite de la déclaration de guerre. Cette partie consistait en 14 blocs cubant 451 pieds.

L'installation de la municipalité unique, créée par la loi du 15 ventôse an XIII (5 mars 1805), eut lieu à Marseille le 1er vendémiaire an XIV (22 septembre 1805), avec une grande solennité. Le registre des délibérations en rappelle tous les incidents.

Le discours prononcé à cette occasion par Thibaudeau peint l'époque. En voici quelques extraits :

« Le héros, à qui la victoire a donné le souverain pouvoir, a voulu restituer à nos villes leur antique patrimoine, enchaîner tous les éléments de discordre, remettre en leur place les hommes et les choses, — les y contenir par le frein salutaire des lois, — calmer et rapprocher les esprits, — consoler les uns, — faire espérer les autres, — donner à tous la sécurité, — faire régner la paix au dedans par la persuasion, — la dicter au dehors par les armes, et — cimenter son gouvernement pour rendre à la nation sa puissance...

« Ces travaux auraient exigé un siècle. Un grand homme, dédaignant les obstacles en les surmontant, a embrassé tout d'un coup d'œil, et il imprime à l'exécution de sa pensée la rapidité de ses conceptions ; pour lui, point de repos, la nuit n'est que la prolongation du jour, il multiplie son existence, il enchaîne la fortune, il commande au temps. »

L'an XIV, 22 brumaire (15 novembre 1805). — Le maire donne lecture du 4ᵉ bulletin d'Italie, daté du quartier général de Montebello, le 11 brumaire (4 novembre 1805), parvenu aujourd'hui à Marseille.

L'annonce de ces nouveaux triomphes excite l'enthousiasme des membres de l'assemblée ; on réclame le portrait de l'Empereur pour être placé à l'hôtel de ville, à l'intérieur et sur la façade ; une aigle impériale doit aussi couronner la fontaine de la place, etc., etc.

L'an XIV, le 30 frimaire (21 décembre 1806). — Séance extraordinaire pour fêter l'annonce du gain de la bataille d'Austerlitz.

Les Conseillers s'étant rendus au théâtre, un acteur s'est présenté sur le devant de la scène, et a lu les détails de la journée. L'enthousiasme était indescriptible, au milieu des cris mille fois répétés de *Vive l'Empereur*, proférés par les spectateurs enivrés de la joie de tant de triomphes.

Le buste de l'Empereur a été inauguré sur la principale façade de l'hôtel de ville, le 1ᵉʳ de l'an ; délibération du 11 janvier 1806.

Même séance du 11 janvier 1806. — Le registre porte un paragraphe qui traite d'illustre citoyen le sieur Ruffi, dont l'aïeul a écrit l'histoire de Marseille, histoire qu'il a lui-même continuée ; on lui accorde l'autorisation de prendre de l'eau dans l'un des aqueducs de la ville, tout en le comblant d'éloges.

« Le Conseil considérant que le souvenir des services qui ont mérité à un des ancêtres de monsieur de Ruffi la concession d'eau dont il s'agit, s'est perpétué jusques à nos jours, et qu'il en reste un monument précieux dans l'Histoire consacrée par cet illustre citoyen à la gloire de sa patrie ; qu'il y a lieu par ce motif de maintenir l'exécution du titre de concession pour lequel l'ancien Conseil de cette ville voulut lui donner quelques marques de la reconnaissance publique à laquelle l'héritier de son nom et de ses vertus a lui-même des droits personnels;

« Déclare qu'il verra avec plaisir que monsieur de Ruffi continue de jouir de l'eau concédée à l'estimable auteur de l'Histoire de Marseille, et que la permission qu'il demande lui soit en conséquence accordée, nonobstant toutes dispositions contraires. »

ACADÉMIE DES BELLES-LETTRES, SCIENCES ET ARTS
DE MARSEILLE

Dans nos *Annales de la peinture,* page 404, etc., nous avons indiqué la création, en 1795, du *Musée des arts,* dont l'École des Beaux-Arts actuelle est issue, et qui, en 1799, a également donné naissance au *Lycée,* érigé trois ans après en Académie des belles-lettres, sciences et arts de Marseille. Or, une loi avait défendu en 1802, à toute société particulière, de s'appeler lycée ou institut, et la Compagnie avait décrété, le 25 floréal an X (15 mai 1802), qu'elle ne porterait plus d'autre titre que celui précédemment énoncé, car il avait l'avantage de rappeler la réunion, en un seul corps, des trois anciennes Académies de Marseille existant avant la Révolution [1].

M. l'abbé Dassy a imprimé, en 1887, l'histoire documentaire de cette ancienne Académie pour la rattacher à l'Académie actuelle, mais il a omis les pièces qui marquent exactement le point de départ de ce *Lycée des arts,* et les voici :

LE LYCÉE DEMANDE UNE SALLE POUR SES SÉANCES.

Extrait des registres des délibérations du Musée de Marseille.

Séance du 1ᵉʳ floréal an VII (20 avril 1799).

« Cejourd'hui, 1ᵉʳ floréal an VII, les administrateurs du Musée réunis dans le lieu ordinaire de leurs séances, le citoyen président

---

[1] Académie des belles-lettres et sciences, Académie de peinture et Académie de musique.

a fait faire lecture d'une pétition qui a été adressée à l'administration du Musée par les citoyens composant le Lycée des sciences et
arts, dans laquelle ils nous demandent que nous leur cédions provisoirement une salle pour tenir leurs séances. La lecture en ayant
été faite et les avis recueillis, il a été délibéré unanimement que
l'administration du Musée accordera au Lycée l'usage de la salle des
cours, attendu que l'heure de l'assemblée du Lycée ne coïncide
pas avec celle qui est affectée aux différents cours d'instruction
publique. Mais comme les administrateurs du Musée ne peuvent
disposer d'aucune partie du local que d'après l'autorisation du
ministre de l'intérieur, les citoyens composant le Lycée seront
invités à s'adresser au ministre pour être autorisés à se servir de
cette salle, aux heures où les cours n'ont pas lieu, ou pour se faire
accorder un autre local, s'ils le jugent à propos, et par conséquent
les administrateurs ne leur accordent la salle des cours que jusqu'à
la réponse du ministre de l'intérieur.

« Fait à Marseille, en séance du Musée, ce 1ᵉʳ floréal an VII.

« *Signé à l'original :* AUDIBERT, AUBERT, ODOSSAINT, ACHARD et
GUÉNIN, administrateurs du Musée.

« Pour copie conforme. — Le secrétaire du Musée, C. ODOS-
SAINT. »

LE LYCÉE RENOUVELLE SA DEMANDE.

LIBERTÉ.   ÉGALITÉ.

Marseille, le 27 germinal an VII
de la République française (26 avril 1799).

Aux administrateurs du Musée.

Citoyens, — « Les soussignés, représentant le Lycée qui vient de
se former dans cette commune, vous exposent qu'ils désireraient
obtenir un local dans la maison où vous avez réuni, après tant
d'efforts courageux, tous les monuments des arts et des sciences
qui existaient dispersés dans le canton. Vos lumières, votre amour
pour le bien public, votre goût pour les lettres, tout doit leur faire
espérer, qu'afin de donner au Lycée une base solide, vous lui
céderez, provisoirement, pour tenir des séances, une salle dans
l'enceinte de l'édifice dont la conservation et l'usage vous sont

confiés, ainsi seront réunis dans un même lieu, un vaste dépôt des connaissances humaines, une *superbe galerie de tableaux, statues,* un *cabinet d'instruments de physique, écoles de dessin,* des *cours publics* et une *Société littéraire* qui peut contribuer un jour à la gloire et à la prospérité du pays où elle a pris naissance.

« Nous osons nous flatter que ces considérations vous détermineront à accueillir favorablement notre demande.

« THULIS, président,

J. P. CHIRAC, secrétaire. »

LE MINISTRE APPLAUDIT AUX VUES DU LYCÉE.

Marseille, le 30 floréal an VII (20 mai 1799).

« Citoyens collègues, — Je viens de recevoir une lettre du citoyen ministre de l'intérieur qui applaudit à vos vues patriotiques ; le ministre espère « qu'elles auront tout le succès que vous vous « en êtes promis, qu'en associant la pratique des arts à leur théorie, « vous ne pouvés manquer d'exciter l'émulation des manufactu- « riers et des artistes qui donnent tant d'importance à notre com- « mune ».

« Vous n'ignorés certainement point (m'ajoute le ministre) que toute association littéraire ou politique doit être connue du ministre de la police générale, et je ne doute point que vous ne remplissiés cette formalité. »

« Ainsi privé du plaisir de me trouver aujourd'huy parmi vous, je m'empresse de vous transmettre ce témoignage de la satisfaction d'un ministre protecteur des sciences et des arts, et de vous inviter de préparer incessamment une lettre pour son collègue le ministre de la police, signée individuellement comme celle que nous avons écrite au citoyen ministre de l'intérieur, et de mettre toute la célérité possible dans sa rédaction, signature et envoi.

« Salut et fraternité,

« J. GAUTIER. »

NOUVELLES FÉLICITATIONS DU MINISTRE.

LIBERTÉ.   ÉGALITÉ.

Bureau de morale et d'esprit public n° 116, t. 1.

Paris, le 4 thermidor an VII de la République une et indivisible
(23 juillet 1799).

*Le ministre de la police générale de la République, aux membres
du Lycée des sciences et des arts à Marseille.*

« J'applaudis, citoyens, au généreux dévouement qui vous a
engagés de former un Lycée des sciences et des arts. La ville qui
s'honore d'avoir reçu naissance des Phocéens, ces premiers et
célèbres instituteurs, doit devenir, sous la France républicaine, un
foyer de lumière, elle doit éclairer le Midi par la propagation des
sciences, comme elle le féconde par son commerce.

« Songez, citoyens, que les sciences et les arts s'unissent en guirlande autour de la Liberté : ils se protègent et s'immortalisent l'un
par l'autre. C'est pour la Liberté et la République que vous allez
former des élèves. Si par vos leçons et vos principes ils sont dignes
d'elles, vous aurez bien mérité de la Patrie.

« Salut et fraternité.

« BOURGUIGNON.

« Le secrétaire général, Claude BOYER. »

Ci-joint deux autographes très rares, ayant trait à cette institution, émanant, le premier, de M. Saint-Jacques de Silvabelle,
directeur de l'observatoire de Marseille, astronome très réputé à
son époque; il avait été reçu membre du Lycée des arts, et il remerciait en ces termes :

Marseille, le 29 germinal an VII (19 avril 1799).

« Citoyens, — Je suis excessivement sensible à tout ce que vous
me dites d'obligeant dans votre lettre, quoique je sois trop juste et

trop raisonnable pour croire que les éloges que vous me donnés puissent en aucune manière rejaillir sur moi.

« Ami sincère de la vérité, j'ay éprouvé qu'elle se laisse trouver facilement par ceux qui la cherchent, et qu'elle se montre à découvert à ceux qui l'aiment; rien n'est plus simple qu'elle, et c'est par là qu'elle brille; la lumière et l'éclat qui la suivent luy sont entièrement propres, et les hommes n'y ont aucune part à laquelle ils puissent prétendre.

« C'est ce qui m'a toujours éloigné de tout ce qui flatte l'amour-propre et la vanité : l'amour du bien public est le seul objet qui ait fait mon ambition, si celui de la Patrie et son intérêt ont pu, en s'y réunissant, me forcer malgré moi à rompre une résolution à laquelle j'étais si fortement et si fermement attaché, les mêmes raisons seraient encore capables de m'engager à m'associer avec vous, pour seconder de mon mieux vos bonnes intentions. Je sais que, pour se rendre utile aux autres, il faut s'oublier parfaitement soi-même en se vouant et se sacrifiant entièrement au bien public. Si j'avais été plus longtemps ignoré et inconnu, j'aurais certainement rendu de plus grands services aux sciences et aux arts par mon attachement à l'étude et au travail, dont je n'aurais point été distrait ni dégoûté, comme j'ay eu lieu de l'être en voyant la vanité et la folie des hommes. J'ay dit alors avec le sage : « *Vidi cuncta quæ fiunt sub sole, et ecce universa vanitas et afflictio spiritus* [1]. »

« On peut toujours cependant compter sur mon zèle pour tout ce qui peut contribuer à l'avancement des connaissances et au bonheur général de tous les vrais citoyens.

« Salut et fraternité

« SAINT-JACQUES SILVABELLE. »

Le second, du compositeur Dominique Della Maria, né à Marseille en 1764 ou 1768. Il venait de faire jouer à Paris, sur le Théâtre Favart, le 2 février 1798 : *le Prisonnier,* ou *la Ressemblance,* interprété par Elleviou et Mme de Saint-Aubin. Il avait obtenu un éclatant succès, ce fut un vrai triomphe pour ce compo-

---

[1] *Ecclésiast.*, I, 14.

siteur. En moins de deux ans, il donna alors au théâtre Feydeau : *le Vieux château* (3 actes), *l'Oncle et le Valet*, opéra-comique en un acte, et *Jacquot* ou *l'École des mères*, lorsqu'il mourut subitement à Paris en pleine rue Saint-Honoré; il ne fut reconnu que quelques jours après.

L'écriture de Della Maria était naïve, il remerciait à son tour ces messieurs du Lycée des arts, de sa nomination.

Paris, le 21 frimaire an VIII (12 décembre 1799).

« Citoyen, — Je reçois avec la plus vive reconnaissance le témoignage d'estime et d'amitié que la Société du lycée des arts et des sciences vient de me donner, en m'admettant au nombre de ses associés correspondants. Je suis trop jaloux de l'estime de mes concitoyens pour ne pas chercher à me rendre digne, par mon zèle, mon travail, du titre flatteur dont la Société m'honore.

« Veuillez bien être, citoyen président, l'interprète de mes sentiments envers elle, en l'assurant de mon entier dévouement et de ma plus parfaite considération.

« Salut et fraternité.

« DELLA MARIA. »

TRAVAUX DE BARTHÉLEMY-FRANÇOIS CHARDIGNY

Ier PRIX DE SCULPTURE A PARIS, EN 1782.

Séance du 11 janvier 1806. — « Parmi les ouvrages en activité, on cite le jardin impérial, commencé en l'an XII, en exécution des délibérations du Conseil qui avait voté cet établissement, dont Sa Majesté l'Impératrice a daigné accepter la dédicace.

« Les travaux relatifs à la construction des deux parties de la serre de ce jardin ont été successivement adjugés au sieur Bouyer, entrepreneur.

« Pour terminer, est-il dit dans ce dernier budget, le Jardin de botanique, y compris la porte à grille dorée, l'inscription en bronze doré sur une table de marbre, la statue de Sa Majesté l'Impératrice Reine, et le piédestal à placer dans l'intérieur de la serre.

« La première partie, le 18 messidor an XII (1ᵉʳ août 1804), pour la somme de. . . . . fr. 37,000 »

« La deuxième, le 18 thermidor an XIII (6 août 1803), pour la somme de . . . . 25,000 »

« Divers ouvrages de sculpture ont été adjugés au sieur Chardigny, pour la somme de. 2,959 14

« Total des ouvrages adjugés. 64,959 14

« Pour acquitter ces dépenses, le budget de l'an XII alloue la somme de 14,000 francs, ci . . . . 14,000 »

« Celui de l'an XIII . . . . 50,000 »

« Celui de l'an XIV . . . . 27,556 »

« Les fonds alloués s'élèvent en conséquence à . . 91,556 »

« Parmi les ouvrages de sculpture expressément mentionnés dans le budget de l'an XIV, est la statue de Sa Majesté l'Impératrice Reine.

« Le sieur Chardigny, sculpteur, propose de se charger de ce monument, pour lequel il dit avoir un bloc de marbre convenable.

« Ce monument étant l'un des ouvrages qu'il importe le plus de terminer dans l'espoir flatteur, que nourrissent les habitants de cette ville, d'être honorés cette année de la présence de leurs Majestés Impériales et Royales,

« M. le Maire invite l'assemblée à examiner la proposition du sieur Chardigny et à prendre une détermination pour que cette statue puisse être au plus tôt érigée et placée dans le Jardin de botanique.

« Le Conseil exprime le désir, avant d'y statuer, de connaître les ouvrages dont cet artiste se trouve déjà chargé.

« M. le Maire donne à cet égard les renseignements suivants :

État des ouvrages à exécuter par le sieur Chardigny, statuaire.

« 1° Deux bas-reliefs en marbre représentant le retour de la pêche et la cueillette des olives, pour décorer le piédestal qui supporte la colonne de la fontaine du Commerce, placée à l'entrée des allées, du côté des Capucines. Cet ouvrage a été ordonné par arrêté de M. Charles Delacroix, du 2 vendémiaire an XI (24 septembre 1802).

« Il avait été passé, sous la date précitée, un marché entre M. Delacroix et le sieur Chardigny, pour modeler une statue de la Justice et des bas-reliefs qu'on voulait faire couler en bronze; ce marché portait 2,400 francs.

« Il fut ensuite promis une augmentation de 600 francs, si ces ouvrages étaient terminés en germinal an XI (mars-avril 1803), ce qui fait monter le prix des deux objets à 3,000 francs.

« Mais le Préfet ayant changé d'avis, ordonna au sieur Chardigny d'exécuter en marbre les bas-reliefs, dont les modèles étaient achevés, et promit à cet artiste une augmentation de 1,500 francs, ce qui fait au total 4,500 francs, plus une gratification à la fin de l'ouvrage.

« Les marchés ci-dessus étaient traités en bloc, et, le travail ayant changé de nature, la dépense de ces bas-reliefs n'est pas encore réglée.

« L'artiste a reçu à compte de ces deux objets, 3,300 francs.

« 2° La statue de la Victoire, appuyée sur un bouclier sur lequel se trouve le médaillon de Sa Majesté l'Empereur, alors Premier consul.

« Cette statue est dans l'action de présenter l'olivier de la paix aux ennemis de la France. (Voy. pour le premier devis, à la fin de cette *Revue*.)

« Cet ouvrage a été ordonné par arrêté de M. Charles Delacroix, du 4 pluviôse an XI (24 janvier 1803).

« Il fut d'abord convenu que le prix serait :

« Pour la statue.	8,000 fr.
« Pour le piédestal	2,000 »
Total	10,000 »

« La hauteur de la statue devait être à ce prix de 2ᵐ,30.

« Mais le Conseil municipal ayant délibéré que la proportion de cette statue serait portée à 9 pieds (3 mètres de hauteur), comme celle de la Paix, il fut alloué à M. Chardigny, par la même délibération, une augmentation de 3,000 francs pour la statue, ce qui en porte le prix à 11,000 francs au lieu de 8,000 non compris le piédestal, dont il paraît qu'on réclamera une augmentation de prix, attendu ses plus grandes proportions.

« L'artiste a reçu à compte 4,475 francs.

Observations du sieur Chardigny.

« Le modèle de cet ouvrage est fait depuis environ vingt mois. L'exécution de cette statue en marbre serait déjà fort avancée, et peut-être finie, si la guerre n'avait pas mis obstacle à ce que le marbre arrive à Marseille. D'ailleurs, il est bon à remarquer qu'il était dans l'intention du Conseil municipal que cette statue fût portée à 9 pieds de proportion, quoique M. Delacroix l'eût arrêtée à 7.

« D'après les observations qui lui furent faites, il se détermina à la faire exécuter de 9 pieds, vu que la place Saint-Ferréol, où elle devait être érigée, est trop spacieuse, et qu'un petit monument n'aurait point produit d'effet.

« On voulut aussi qu'elle fût de même proportion que celle que M. Chinard est chargé de faire, afin de comparer plus justement le talent de ces deux artistes.

« Ce dernier, qui se trouve à Carrare, pourrait faire parvenir à Marseille le marbre pour cette statue, moyennant le prix de 6,000 francs, y compris les frais de transport. C'est du moins ce qu'il a assuré au sieur Chardigny, chez M. le Préfet.

« Mais il faudrait pour cela lui faire passer des fonds.

« 3° Un therme colossal, représentant d'un côté Euthiménès et de l'autre Pithéas, navigateur marseillais.

« Cet ouvrage a été ordonné par arrêté de M. Thibaudeau, du 25 ventôse an XII (15 mars 1804).

« Suivant le devis présenté par le directeur des travaux publics, le 30 ventôse an XII (20 mars 1804), la dépense s'élève à 8,153 fr. 67 pour tout l'édifice.

« Ce devis est accepté par le sieur Chardigny pour ce qui le concerne, et qui comprend sans doute :

« La fourniture du marbre évaluée à. . . .	2,160 fr.
« La main-d'œuvre	300 »
« Les têtes en bronze	800 »
« La sculpture	4,000 »
Total.	7,260 »

« Le sieur Chardigny avait promis de placer ce tronc au commencement de l'an XIII, mais il n'a pris aucun engagement à ce sujet.

« L'artiste a reçu cinq à-compte :

« 1° Sur l'an XII, en quatre fois . . . . 4,000 fr.

« 2° Sur l'an XIII . . . . 500 »

« A-compte du bloc de marbre . . . . . . 1,350 »

« Total . . . . . 5,850 »

Observations du sieur Chardigny.

« Le modèle de cet ouvrage est fait depuis environ neuf mois : il aurait été commencé depuis longtemps, si l'on eût pu se procurer le marbre.

« Aujourd'hui que le marbre est à la disposition de l'artiste, il va le dégrossir de suite.

« Les têtes de lion en bronze qui décorent le piédestal sont placées à la fontaine de la place des Douanes.

« 4° Les embellissements demandés par le Conseil municipal le 3 floréal an XIII (23 avril 1805) consistent en :

« La restauration de l'écusson placé sur la porte principale de l'hôtel de ville ;

« L'exécution du buste de Sa Majesté l'Empereur, pour être placé à la façade dudit hôtel ;

« La confection de l'obélisque de la fontaine de la place de la Tour, ainsi que l'exécution en marbre qui surmonte ledit obélisque.

« Ces ouvrages ont été ordonnés par arrêté de M. Thibaudeau, du 18 floréal an XIII (8 mai 1805). Le devis estimatif de ces embellissements en porte le montant à 11,312 fr. 31.

« Il n'a été pris aucun engagement par l'artiste pour l'époque de l'achèvement de ces ouvrages, dans sa soumission du 18 floréal an XIII.

« Le sieur Chardigny a reçu sur les fonds :

« De l'an XIII 5,741 10

« De l'an XIV . . . . 500 »

« De l'an XIV . . . . 400 »

Total 6,641 10

Observations du sieur Chardigny.

« La restauration de l'écusson est finie.

« Le buste est placé.

« L'obélisque est confectionné, il ne reste plus qu'à confectionner l'aigle en marbre dont le modèle est fait; mais, vu la difficulté de se procurer à Marseille un bloc de marbre de la dimension nécessaire pour l'exécution de cet ouvrage, le sieur Chardigny va envoyer à Carrare son modèle, pour faire ébaucher cet aigle, ce qui accélérera la confection de cet ouvrage.

« Si le Conseil municipal a délibéré de faire placer la statue de Sa Majesté l'Impératrice dans une des parties de l'édifice du Jardin impérial de botanique de Marseille, il conviendrait, dans le cas où l'on accorderait la confiance au sieur Chardigny pour l'exécution de cette statue, de l'ordonner de suite, afin que, si Sa Majesté honorait Marseille de sa présence, elle pût juger du dévouement de ses habitants pour tout ce qui lui est cher.

« Il serait d'autant plus urgent de déterminer l'exécution de ce monument, que le bloc de marbre propre à cet ouvrage se trouve à Marseille.

« Le Conseil délibère que la Commission, nommée dans la présente séance pour présenter le supplément au projet du budget de l'an XIV, est invitée à s'occuper des travaux du Jardin impérial de botanique, du supplément de fonds nécessaire à son achèvement, et de l'érection de la statue de Sa Majesté l'Impératrice Reine, votée pour cet établissement.

« Rien de plus n'ayant été proposé ni délibéré, M. le Maire a levé la séance, et signé avec le secrétaire le présent procès-verbal, dont expédition sera adressée à M. le Conseiller d'État, préfet, commandant de la Légion d'honneur.

« L'an 1806 et le 12 février, un des membres du Conseil, invité dans la précédente séance, conjointement avec M. le maire, à s'informer auprès du sieur Chardigny, sculpteur, du prix et des conditions auxquelles il pourrait se charger d'exécuter la statue de Sa Majesté l'Impératrice Reine qui doit être placée dans le Jardin impérial de botanique, donne à l'Assemblée les renseignements suivants :

« Le sieur Chardigny propose de faire exécuter la statue de Sa Majesté l'Impératrice en marbre blanc clair, vu l'impossibilité de se procurer du blanc statuaire, observant d'ailleurs que c'est la qualité dont on se sert le plus communément à Paris. Elle aura cinq pieds et demi de hauteur, y compris la plinthe, ou un mètre huit cent quarante millimètres environ. Elle sera revêtue du costume impérial, protégeant de la main droite la botanique et le jardin qui lui a été dédié; de la main gauche, elle relèvera les plis de son manteau. Sa tête sera ornée d'un diadème enrichi de pierreries; autour du col sera une fraise en dentelle, dont l'exécution est d'un grand détail; elle sera surmontée d'un collier en perles et en camées avec un médaillon représentant le portrait de Sa Majesté l'Empereur et Roi.

« Le manteau impérial sera brodé et parsemé d'abeilles; la robe également brodée sur toutes les coutures et dans le bas; sur les bras retombent des manchettes en dentelles, qui sont d'un travail très soigné et qui demandent beaucoup de soins.

« Le Conseil doit observer que le costume impérial, adopté pour cette statue, présente une infinité de détails que l'on eût évités dans une statue allégorique; mais il paraît préférable sous le rapport de la vérité historique. En considération de la longueur du travail, le sieur Chardigny a demandé deux mois pour l'entier achèvement de l'ouvrage.

« Il lui a été représenté que ce terme était bien long, surtout avec l'espoir dont se flatte Marseille de posséder à la belle saison Leurs Majestés dans ses murs.

« Il a répondu qu'il mettrait toute l'activité possible pour nous faire jouir un moment plus tôt de son travail, et a exprimé combien il serait agréable et avantageux que Leurs Majestés pussent juger elles-mêmes de son ouvrage.

« Il conviendra en conséquence de faire l'achat d'un bloc de marbre pour la statue de quarante pieds cubes, qui, à raison de 18 francs le pied cube, coûtera 720 francs. Cet objet devra être payé de suite pour assurer à la ville la seule pièce de marbre que l'on ait pu découvrir propre à cette destination.

« Le marbre nécessaire pour le piédestal s'élèvera à 600 francs, la main-d'œuvre qu'exigera cet ouvrage peut être fixée à 700 francs;

le transport du tout et la mise en place reviendra à 80 francs ; ces trois objets forment ensemble la somme de 1,380 francs.

« Après avoir débattu longuement avec le sieur Chardigny sur le prix de la statue, il a paru disposé à se contenter de 8,000 francs, auxquels joignant les 720 francs pour l'achat du marbre de la statue, et les 1,380 francs pour celui du piédestal, façon et transport du tout au Jardin de botanique, la somme totale s'élèvera à 10,100 francs.

« En déduisant sur cette somme celle de 720 francs, qui est payable de suite, il restera 9,380 francs, qui devront être comptés au sieur Chardigny par dixièmes s'élevant à 938 francs et au fur et à mesure que l'ouvrage avancera.

« Moyennant cette somme, le sieur Chardigny se charge de tous achats, de faire tailler le piédestal, du transport de tous les objets tant à son atelier qu'au Jardin de botanique, et de la mise en place du tout, consentant à n'être payé du dernier dixième qu'après l'ouvrage entièrement confectionné. »

« Après avoir entendu l'exposé ci-dessus, le Conseil prie M. le maire de prendre le plus tôt possible les mesures nécessaires pour l'exécution de cette statue, et de passer en conséquence tous actes et marchés relatifs soit à l'achat du marbre, soit au prix de la statue et accessoires, aux prix et conditions les plus convenables.

« Le payement de cette dépense sera effectué, s'il y a possibilité, sur les fonds déterminés dans le budget de l'année pour les travaux du Jardin impérial de botanique, à défaut, sur les autres fonds libres.

« Le Conseil témoigne en outre le désir que le modèle de la statue dont il s'agit, demeure en propriété à la ville, et soit remis à sa *disposition*. »

« *Tombeau du général Desaix.* — Un membre expose que le sieur Antoine, sculpteur, avait été chargé par la ville d'exécuter le tombeau du général Desaix ; cet ouvrage est entièrement terminé. Le sieur Antoine n'attend plus que les ordres qui lui seront donnés relativement au lieu où doit être placé ce monument.

« Le Conseil prie MM. Dudemaine et Boullier de se porter dans l'atelier du sieur Antoine, pour y voir le tombeau dont il s'agit, et d'en rendre compte à l'assemblée. »

Il nous souvient avoir vu ce tombeau à la colline Bonaparte, à Marseille, en 1840... Qu'est-il devenu? — Je ne sais!

Projet de fontaine pour la place de la Victoire
(place Saint-Ferréol).

Le devis de ce monument était ainsi composé :

Pour le bassin de 18 pieds de long sur 2 mètres de haut en pierre froide, 250 pieds cubes à 2 francs. . .   500 fr.

Pour le piédestal, la coupe de 6 pieds de large et le socle de la statue marbre blanc veiné, 58 pieds cubes à 18 francs. . . . .   2,844 »

Pour le bloc de la statue, marbre de Carrare, 175 pieds cubes à 24 francs. . . . .   4,200 »

Pour le modèle et l'exécution de la statue de 7 pieds de haut . . . .   12,000 »

Pour 4 figures en bas-relief sur le piédestal. . . .   3,000 »

Pour l'exécution du piédestal, coupe, socle et bassin pavé en pierre froide . . . .   3,000 »

Chardigny s'engageait à exécuter cette fontaine pour le prix ci-dessus stipulé. Le reste de la dépense nécessaire pour la formation de la place de la Victoire, aujourd'hui place Saint-Ferréol, s'élevait à. . . . . .   23,066 »

Total. . . . .   48,610 »

(Archives de la Préfecture.)

LIBÉRATION DE LA VILLE

TRAVAUX EXÉCUTÉS PAR LE SCULPTEUR REYNAUD (sic).

Le 8 février 1806. — Un membre fait le rapport suivant au nom de la Commission chargée d'examiner la réclamation du sieur Renaud, sculpteur, au sujet de ses prétendues créances sur la ville de Marseille :

« Messieurs, le mémoire des demandes du sieur Renaud comprend plusieurs objets dont voici l'énumération :

« 1° Le *Triomphe des lois*, groupe de Gijot, figure destinée à couronner le roc des allées de Meilhan. Ce groupe fut délibéré par le Conseil municipal le 29 octobre 1790. Primitivement, il devait y avoir un groupe représentant l'*Instruction du commerce*, ordonné le 25 janvier 1787 par la municipalité; le Conseil municipal renforcé lui accorda pour ce groupe 12,000 francs, par délibération le 19 janvier 1790 et par celle citée ci-dessus du 29 novembre 1790. Il consacra à l'exécution du nouveau groupe les 12,000 francs accordés pour la confection du premier, sauf à pourvoir par une souscription, qui ne fut ni remplie ni même ouverte, au supplément des fonds nécessaires pour parvenir à la somme de 36,000 fr., valeur présumée du groupe.

« 2° Monument représentant le *Triomphe de la République et des armées,* destiné pour la salle du Conseil de la commune. Il est ici question de la grande cheminée en marbre, qui n'est pas terminée.

« 3° Restauration ordonnée et en partie faite d'une *Statue antique* en marbre de Paros, par réquisition des représentants du peuple Bayle et Boisset, du 27 avril 1793, et d'après l'ordonnance du département, en date du même jour. Cette restauration n'a point été achevée.

« 4° Conservation de tous les monuments des arts dans le ressort du district de Marseille.

« Voici actuellement en quoi consistent les prétentions du sieur Renaud pour les quatre articles précités :

Groupe des allées du Meilhan.

« 1° Pour 2 ans 1/2 que la commune de Marseille l'a tenu dans l'inaction, ses honoraires à raison de 200 francs par mois, ci . . . . 6,000 fr.

« 2° Pour instruments et devis portés à Carrare par le sieur Renaud et qu'il y a laissés, pour les dépenses qu'il y a faites, pour y avoir été mis en prison et violemment maltraité . . . . 600 »

« 3° Vu l'inexécution du groupe, évalué à 36,000 fr.,

       A reporter.   6,600 fr.

Report.   6,600 fr.

le sieur Renaud en réclame le tiers en indemnité, et il
se fonde sur ce que la municipalité lui avait accordé
cette somme par sa délibération du 29 novembre 1790.   12,000 »

« 4° Ce travail ayant été suspendu pour un an, le
sieur Renaud réclame, pour cette année d'inaction. .   3,000 »

« 5° Il lui a été payé pour l'exécution des soubasse-
ments, portés à 6,500 fr., la somme de 2,166 fr.;
il réclame les deux autres tiers de la totalité, s'élevant à. . . . .   4,333 »

« 6° Le monument n'ayant pas été continué, il
demande le tiers de la somme, fixée par le rapport à
30,000 francs pour l'exécution entière. . . . .   10,000 »

« 7° Pour le modèle que le sieur Renaud a fait. . .   1,200 »

Restauration de la statue antique.

« 8° Pour la restauration des parties déjà faites,
savoir : pour la tête, 4,000 francs; pour les bras,
2,400 francs; pour les deux pieds, 600 francs; pour la
restauration de l'autel antique servant de piédestal,
2,400 francs. En tout, 9,400 francs, dont il a reçu en
juillet 1793 un acompte de 2,400 francs, reste à. . .   6,600 »

Conservation des monuments des Arts.

« 9° Pour les honoraires du sieur Renaud pendant
les années 1792, 1793 et 1794, qu'il a sauvé les monuments les plus curieux et les plus intéressants en tout
genre. . . . .   3,000 »

« Total. . . . .   46,733 »

« Ainsi les réclamations du sieur Renaud s'élèvent en totalité à
la somme de 46,733 francs.

« Suivent les observations de la Commission sur ces diverses
demandes, lesquelles établissent qu'il est dû au sieur Renaud
17,133 francs; qu'il a reçu à diverses dates 35,280 francs; d'où il

ressort que le sieur Renaud serait lui-même débiteur d'environ 18,000 francs, mais comme la plus grande partie de la somme a été soldée en assignats, la ville peut regarder les deux sommes, celle due et celle payée, comme se compensant réciproquement, et le sieur Renaud doit sentir d'autant plus combien est juste et franche l'opinion de la Commission, qu'il a sans doute regardé comme numéraire les assignats qu'il a reçus dans un temps où il n'existait pas d'autres monnaies en cours, et son civisme étan trop connu pour que la Commission pût en agir autrement avec lui sans lui faire injure; conséquemment à tout ce qui vient d'être détaillé, le sieur Renaud n'a rien à répéter ni de la commune elle-même ni du gouvernement, comme possédant les biens communaux, à l'exception des 6,600 francs réclamés pour la restauration de la statue antique de M. de Choiseul, qui ne peuvent être acquittés que par le gouvernement.

« Si l'arrêté des représentants du peuple a pu grever la nation de cette dépense, c'est ce qu'il n'appartient pas à la Commission de décider.

« Fait à Marseille, le 19 janvier 1806. »

(Suivent les signatures.)

« Considérant qu'il résulte des faits développés par la Commission et de la balance qui vient d'être présentée des sommes légitimement dues au sieur Renaud, avec celles qui lui ont été successivement comptées, que cet artiste se trouve entièrement soldé de tout ce qu'il peut raisonnablement prétendre contre la commune, soit pour prix de ses divers ouvrages, soit à titre d'honoraires ou d'indemnité ;

« Adoptant en tout leur contenu les bases et les motifs développés dans le rapport de la Commission ;

« Déclare résulter de la liquidation des créances prétendues par le sieur Renaud, à laquelle l'assemblée était invitée de procéder, que la ville est entièrement libérée envers cet artiste, et n'y avoir lieu d'admettre ses réclamations contre la commune, sauf au sieur Renaud de se pourvoir ainsi qu'il avisera pour la réparation de la statue antique de M. Choiseul, de laquelle réparation il prétend avoir été chargé par arrêté des représentants du peuple alors en mission dans le département. »

6.

Le sculpteur Renaud ou Reynaud était membre de l'Académie de peinture de Marseille depuis 1787.

En 1792, il reçut mission de faire disparaître les insignes de la royauté de la façade de l'hôtel de ville.

Le Musée de Toulouse possède de lui une allégorie sur la Révolution française (bas-relief en plâtre); son nom est orthographié *Raynaud* dans le livret.

ÉCOLE DE DESSIN DE MARSEILLE.

GOUBAUD, *directeur*.

1806.

Le nom de Goubaud, comme successeur de Guénin, ne nous apparaît dans les archives qu'à dater de 1806; sa correspondance avec le maire ou les membres de l'administration est des plus actives; tout lui est prétexte à écrire. Ainsi :

Le 21 août, il écrit au maire au sujet de l'Exposition annuelle.

Le 22 août, nouvelle lettre demandant que la distribution des prix soit renvoyée au 12 septembre, etc., etc.

Pour simplifier cette correspondance, nous ne reproduisons ici que les actes administratifs pouvant présenter un certain intérêt historique :

Arrêté au sujet de la distribution des prix à l'école.

Marseille, le 22 août 1806.

« Nous, maire de Marseille, l'un des trésoriers et officiers de la Légion d'honneur.

« Vu l'arrêté du 1er complémentaire an XII, approuvé par Son Excellence le ministre de l'intérieur, concernant l'organisation et la fixation des dépenses du Musée et de l'École gratuite de dessin, et affectant annuellement une somme de 200 francs pour la distribution des prix aux élèves de ce dernier établissement;

« Vu les articles 10, 12 et 13 de l'arrêté du 30 fructidor an XIII, portant règlement sur l'enseignement qui sera donné dans ladite École;

« Vu différentes lettres à nous adressées par le directeur du Musée et de l'École gratuite du dessin ;

« Considérant que l'article 12 du règlement précité porte que la distribution des prix du cours gratuit de dessin aura lieu chaque année le 5 fructidor, correspondant pour l'an 1806 au 24 août, mais que les élèves n'avaient point terminé à cette époque leurs ouvrages de concours et que le jugement de ces compositions ayant encore exigé un délai convenable, il a été nécessaire de retarder pour cette année le jour de ces distributions ;

« Arrêtons :

« ARTICLE PREMIER. — La distribution des prix de l'École gratuite de dessin aura lieu cette année, dans la salle du Musée, le vendredi 12 de septembre à midi précis.

« ART. 2. — Les principales autorités, ainsi que les membres des Sociétés des sciences, des belles-lettres et des arts, seront invités à cette séance.

« ART. 3. — Il sera par nous prononcé un discours analogue à l'objet de la cérémonie.

« ART. 4. — Le directeur de l'École fera un rapport de l'enseignement qui a lieu dans le cours de l'année.

« ART. 5. — On fera l'appel nominal de chaque élève qui aura mérité un prix. Ces élèves seront couronnés par nous, d'une guirlande de chêne et de laurier, et recevront de nos mains le prix qui leur est destiné.

« ART. 6. — Le directeur de l'École est autorisé à faire, pour cette distribution, l'achat des objets énoncés en la note jointe à sa lettre du 7 du courant, à la charge néanmoins de ne point dépasser, pour le montant total de la dépense, la somme de 200 francs réglée par l'arrêté d'organisation de ladite École.

« ART. 7. — Ce directeur est chargé de l'exécution de notre présent arrêté.

« Fait à Marseille, en l'hôtel de ville, le 22 août 1806.

« *Signé :* Antoine ANTHOINE.

« Vu et approuvé par nous conseiller d'État, préfet du département des Bouches-du-Rhône, commandant de la Légion d'honneur.

« A Marseille, le 23 août 1806.

« *Signé :* A. C. THIBAUDEAU. »

Rapport touchant l'ouverture de l'Exposition de 1806.

Le 31 août 1806.

Le directeur du Musée et du Cours gratuit de dessin, professeur de dessin au Lycée, à Monsieur le Maire, l'un des trésoriers et officiers de la Légion d'honneur.

« Monsieur. — Permettez-moi d'avoir l'honneur de vous faire part de ce qui concerne l'Exposition publique des objets d'art.

« Messieurs Guis et Chardigny se sont rendus ce matin au Musée, d'après l'invitation que j'en ai faite à chacun des membres du jury.

« Les seuls ouvrages qui nous ont été présentés jusqu'à présent sont en très petit nombre, et assez mauvais. Il y a quatre tableaux à l'huile, un en or, sur verre; plusieurs miniatures, trois sculptures en bois, deux gravures en taille-douce, et ce qui est le plus intéressant, l'entrée du port en relief, en bois et carton, avec les forts Saint-Nicolas et Saint-Jean, comme ils étaient avant leur destruction; il y a encore deux ou trois dessins copiés d'après des tableaux. Ce petit nombre d'objets ne nous a pas paru suffisant pour juger et en noter; nous avons décidé que je vous demanderai de retarder l'Exposition jusqu'au jour de la distribution des prix, ce qui donnerait le temps à plusieurs artistes et amateurs de terminer quelque ouvrage.

« Pour moi, je ne peux cette année y mettre que quelques portraits, que j'ai été forcé de faire pour me dédommager des pertes que le Lycée m'a fait essuyer; je vous prie, Monsieur le Maire, de ne point porter de jugement sur ces faibles ouvrages, et d'attendre l'année prochaine pendant laquelle je vais m'occuper de tableaux d'histoire.

« Si vous donnez votre approbation au projet de retarder l'Exposition, veuillez bien me faire l'honneur de me le faire savoir.

« J'ai l'honneur d'être votre très-dévoué et respecteux serviteur.

« *Signé :* GOULBAUD. »

Allocution prononcée par Goubaud à la rentrée des classes.

« Messieurs, — L'École gratuite de dessin se rouvre aujourd'hui, les leçons commenceront demain, les récompenses et les encouragements flatteurs que vous a prodigués M. le Maire, l'intérêt, la bienveillance qu'il a daigné mettre à ce qui regardait notre École, tout doit vous faire redoubler d'émulation et exciter parmi vous une reconnaissance que vous ne sauriez mieux témoigner qu'en étant assidus, appliqués et studieux ; ne négligez rien pour être bientôt tous en état de dessiner d'après le modèle que M. le Maire a bien voulu vous promettre, et prouvez-lui par vos progrès que les faveurs dont il vous comble ne seront pas sans fruit.

« Profitez donc, jeunes élèves, et des facilités qui vous sont offertes pour acquérir un talent aussi utile qu'agréable, et des leçons zélées de vos professeurs dont vos progrès sont la plus douce récompense.

« M. le professeur adjoint va vous faire lecture du règlement que vous devez suivre strictement, sous peine d'être exclus de l'École gratuite de dessin. »

État nominatif des élèves.

Le 21 novembre 1806.

Goubaud soumet à l'approbation du Maire un projet de réglement pour la police intérieure de l'École, et l'état nominatif des élèves qui se sont présentés, s'élevant à 222. Il leur applique l'enseignement mutuel. A cet effet, il présente au Maire le tableau des huit élèves qui doivent remplir les fonctions de surveillants.

Mention honorable.

« De huit élèves choisis dans le nombre de ceux qui ont remporté des prix dans le dernier concours pour être surveillants de tous les autres élèves de l'École gratuite de dessin.

« En raison de leur assiduité comme conduite et succès, sont nommés surveillants de tous les élèves de l'École gratuite de dessin :

« MM. Joseph Gaillard, Joseph Gaimbaud, J.-Joseph Dassy, Nicolas Galinier, Casimir Poize, Louis Michel, Honoré Camoin.

« Joseph Gaimbaud, n'ayant pu concourir pour cause de maladie, n'a point remporté de prix, mais il mérite, par son assiduité, ses progrès rapides et sa bonne conduite, d'être mis au nombre des surveillants.

« Marseille, 16 novembre 1806.

« Le directeur du Musée,

« *Signé :* GOUBAUD. »

Dans le nombre des élèves de l'École, et en dehors des huit précédents, nous relevons les noms de Vidal, qui s'est distingué à Paris comme peintre ; Gouiraud, à Aix ; Bontoux, devenu professeur de sculpture à l'École de Marseille ; Bertrand, le peintre décorateur qui a illustré le premier les cafés de notre ville ; le peintre de marine Barry, et Joseph Dassy, devenu conservateur de notre Musée ; plus le sculpteur Daumas, l'auteur du *Génie de la navigation* qui orne le port de Toulon.

Récompense accordée aux élèves les plus méritants.

Marseille, le 6 décembre 1806.

Le directeur du Musée et du Cours gratuit de dessin, à Monsieur le Maire, l'un des trésoriers officiers de la Légion d'honneur.

« Monsieur le Maire, — J'ai l'honneur de vous faire part que j'ai mis en exécution le règlement de police intérieure que vous avez bien voulu approuver, et que tout marche dans le plus grand ordre dans l'École. Je n'ai qu'à me louer de la subordination, des progrès et de l'assiduité de tous les élèves en général, mais particulièrement des huit surveillants, dont je croirais à propos de récompenser le zèle, en leur tenant classe et les laissant travailler tous les jeudis depuis dix heures du matin jusqu'à deux heures après midi, en faisant participer à cette faveur ceux des élèves qui montrent le plus de dispositions et d'ardeur au dessin, qui sont à peu près au nombre de quarante-cinq. L'intérêt que je prends à leur avancement me fait désirer que vous veuillez bien approuver cette mesure, quoiqu'elle m'occasionne un surcroît de besogne, mais je me croirais coupable si je négligeais les heureuses dispositions que je me réjouis d'avoir trouvées dans ces jeunes gens.

« Veuillez, Monsieur le Maire, agréer l'assurance de mon profond respect et entier dévouement.

« *Signé :* Goubaud. »

1807.

Le 20 janvier 1807. — Goubaud annonce au Maire qu'il a reçu vingt-deux nouveaux élèves. Nombre d'entre eux font de grands progrès ; il n'a qu'à se féliciter de leur assiduité et de leur application.

Le 2 avril. — L'établissement du modèle aura lieu le plus tôt possible ; les élèves seront instruits de cette nouvelle preuve de la sollicitude du gouvernement, etc.

Le 22 avril. — Goubaud s'est occupé du choix du modèle autorisé par le budget. Il a ouvert un cours d'anatomie ; il fait dessiner le squelette à trente de ses élèves qui sont aptes à suivre les divers cours.

Le 3 mai. — Les sculptures gothiques du Musée, extrêmement précieuses, exigent quelques dépenses. M. Millin, conservateur du Cabinet des antiques de S. M. l'Empereur, en a demandé les dessins. Goubaud s'en occupe, etc. (Au bas de la susdite lettre, 72 francs sont alloués pour la réparation réclamée.)

Le 15 mai 1807. — L'architecte Penchaud s'occupe de la restauration de ces sculptures.

Le 21 mai. — Projet de règlement.

Le 11 août. — Installation de l'École. L'architecte présentera l'état des dépenses et suite de pièces relatives à la distribution des prix.

Le 27 août. — Arrêté relatif à la réorganisation de l'École. (Voir plus bas.)

Le 8 septembre. — MM. Chardigny, de Saint-Vincent, Guis et Goubaud ont désigné les prix que M. le Maire doit distribuer. Suit l'état nominatif des lauréats.

Les premiers prix sont dévolus à Joseph Dassy et à Honoré Camoin.

Le 22 septembre. — Il est nécessaire, pour le jour de la distribution des prix, qu'une garde composée de 12 soldats et un caporal soit envoyée à l'École, ainsi que la musique du régiment des Suisses, avec lesquels Goubaud est d'accord.

Suit une longue liste anonyme des personnalités officielles et des corps constitués convoqués dans cette circonstance. Le gouvernement, amoureux du faste et de l'apparat, tenait à donner un grand éclat à ces sortes de cérémonies : elles devaient, selon lui, stimuler l'émulation des citoyens.

Le 28 octobre 1807. — « *Le modèle Tamisié a été exclu de la Société des portefaix. Les appointements qu'on lui alloue deviennent insuffisants.* » Le rapporteur de cette Société avait conclu que c'était là un métier de paresseux, et que le susdit Tamisié n'était plus digne d'appartenir à une aussi respectable corporation.

ARRETE

Concernant l'École gratuite de dessin, l'Académie du modèle et le Musée.

« Nous, Maire de Marseille, l'un des trésoriers et officiers de la Légion d'honneur,

« Vu l'arrêté de M. le conseiller d'État, préfet, du 1er complémentaire an XIII (18 septembre 1805), approuvé par S. Exc. le ministre de l'intérieur, portant organisation de l'administration du Musée et d'une École gratuite de dessin à Marseille;

« Vu la somme portée au budget de 1807, pour l'établissement d'une Académie du modèle;

« Considérant que les progrès de plus de trois cents élèves, successivement admis dans cette École, ont fait revivre dans cette ville, au degré le plus satisfaisant, le goût, la connaissance et la pratique des arts du dessin;

« Que l'établissement de l'Académie du modèle va offrir à ces jeunes et intéressants élèves de nouveaux motifs d'émulation et un moyen de perfectionnement;

« Que cette institution véritablement utile doit rendre à l'enseignement l'étendue et l'éclat qu'il eut dans l'ancienne Académie de peinture, où se sont formés tant d'illustres artistes qui ont honoré le nom de Marseille;

« Considérant que cette extension donnée à l'enseignement de l'École gratuite de dessin nécessite de nouvelles dispositions pour en déterminer l'organisation, et qu'il importe de réunir dans un seul règlement tout ce qui a rapport à l'ordre, à la police et à l'administration intérieure de ces établissements communaux;

« Arrêtons :

§ 1er. — *École gratuite de dessin.*

« ARTICLE PREMIER. — Le directeur du Musée est chef de l'École gratuite de dessin; l'enseignement est donné par lui et par un professeur adjoint.

« ART. 2. — Les fonctions du professeur adjoint sont d'aider le directeur dans l'enseignement, et de se conformer, à cet égard, à tout ce qu'il lui prescrit.

« ART. 3. — Le cours gratuit de dessin s'ouvrira, chaque année, le 1er novembre. Les élèves qui ne seront pas inscrits du 1er au 30 octobre, ne seront pas admis au cours de l'année.

« ART. 4. — Il ne sera reçu aucun élève au-dessous de l'âge de dix ans.

« ART. 5. — Tout élève qui ne sera pas en âge de majorité ne sera reçu que sur la présentation des parents ou tuteurs, auxquels il sera donné connaissance des règlements, et qui signeront au registre tenu pour les présentations.

« Art. 6. — Le directeur tiendra note de la conduite des élèves; et ceux qui auront troublé l'ordre, qui ne seront pas assidus ou ne feront pas de progrès, seront, après trois avertissements, exclus par nous du cours, sur la proposition du directeur, soit pour un temps limité, soit définitivement, s'il y a lieu.

« Art. 7. — La classe du dessin durera deux heures; les portes ne seront ouvertes que pendant le premier quart d'heure. Les élèves qui tarderont davantage à arriver ne pourront plus entrer.

« Art. 8. — L'heure de la classe est fixée, en été, depuis six heures du matin jusqu'à huit; et en hiver, depuis deux heures du soir jusqu'à quatre.

« Art. 9. — Toute dégradation extraordinaire est à la charge de celui qui la commet.

« Art. 10. — Au commencement du deuxième trimestre, le directeur donnera aux élèves les sujets qu'ils devront traiter pour concourir aux places et, à la fin du trimestre, il y aura un examen pour classer les élèves suivant leur force.

« Art. 11. — Au commencement du troisième trimestre, le directeur donnera aux élèves les sujets du dessin qu'ils devront traiter jusqu'à la fin de l'année pour concourir aux prix. Le 15 août, il y aura un examen pour juger les compositions.

« Art. 12. — L'examen sera fait par une commission nommée par nous, et dont le directeur et le professeur adjoint feront nécessairement partie.

« Art. 13. — La distribution des prix aura lieu vers la fin du mois d'août, aux jour et heure qui seront indiqués par nous, et suivant le cérémonial que nous aurons réglé.

§ 2. — *Académie du modèle.*

« Art. 14. — Le directeur de l'École gratuite est chef de l'Académie du modèle et chargé de l'enseignement des élèves qui y sont admis; en son absence, l'Académie est sous la direction du professeur adjoint.

« Art. 15. — Cette Académie est particulièrement destinée aux élèves qui ont suivi le cours gratuit du dessin et y ont remporté des prix.

« Pourront néanmoins y être admis, lorsqu'il y aura des places vacantes, les élèves étrangers à l'École gratuite qui seront reconnus en état de dessiner le modèle.

« En cas de concurrence aux places, elles seront mises au concours.

« Art. 16. — Le modèle est nommé par nous, sur la présentation du directeur; il suivra les consignes que le directeur lui donnera.

« Art. 17. — Il y aura, à la fin de chaque année, un concours et une distribution de prix qui se fera en même temps que celle de l'École de dessin.

« Art. 18. — Les règlements pour l'intérieur de l'Académie sont les mêmes que pour l'École gratuite de dessin.

§ 3. — Musée.

« Art. 19. — Le directeur du Musée est chargé de surveiller l'entretien et la conservation des objets d'art et autres effets existant dans le Musée.

« Art. 20. — Il est, à cet effet, dressé à double un inventaire descriptif desdits objets, lequel est signé par le directeur, avec obligation de les représenter toutes les fois qu'il en sera requis. Un des doubles est déposé à l'hôtel de ville et enregistré. Cet inventaire sera vérifié dans tous les temps où nous le jugerons convenable.

« Art. 21. — Les autorisations nécessaires pour les dépenses de l'entretien de l'École gratuite, de l'École du modèle et du Musée, sont données par nous au directeur, qui nous rend compte de ses opérations à ce sujet.

« Art. 22. — Le directeur a sous ses ordres le conservateur et le concierge du Musée : ils sont tenus de lui obéir. En cas de négligence ou malversation, il nous en portera ses plaintes.

« Art. 23. — Les consignes seront données par nous, sur la proposition du directeur, et affichées à l'extérieur des portes, pour être exécutées.

« Le conservateur et le concierge maintiendront ces consignes, chacun en ce qui le concerne.

« ART. 24. — Le conservateur et le concierge sont tenus d'être toujours au Musée ; ils ne peuvent s'en absenter qu'avec la permission du directeur, ni s'éloigner de la ville sans notre autorisation.

« ART. 25. — Les fonctions du conservateur sont de tenir propres les salles, de soigner les objets d'art, de surveiller le public pendant les heures d'ouverture du Musée, et les élèves qui y sont admis pour l'étude ; d'empêcher les dégradations, de saisir ou de faire saisir les individus qui en commettront.

« ART. 26. — Le devoir du concierge est d'aider le conservateur dans ses fonctions, autant que le service de la porte le permet.

« ART. 27. — Il y aura, le 1er septembre 1808, et à pareille époque tous les deux ans, dans une des salles du Musée, une exposition publique des ouvrages de dessin et de peinture des élèves de l'École et des artistes, ainsi que de tous les autres objets d'art. L'exposition durera un mois ; les ouvrages ne seront admis qu'après avoir été jugés dignes de l'exposition par une commission nommée par nous, comme en l'article 12.

« ART. 28. — Le présent sera imprimé, publié et affiché partout où besoin sera.

« Fait à Marseille, en l'hôtel de ville, le 24 août 1807.

« Antoine ANTHOINE.

« Vu et approuvé par nous, Conseiller d'État, préfet du département des Bouches-du-Rhône, commandant de la Légion d'honneur.

« A Marseille, le 27 août 1807.

« En empêchement de M. le conseiller d'État, préfet, le secrétaire général de la Préfecture : GIRARD.

CONCLUSION

L'arrêté ci-dessus fut affiché aux quatre coins de la cité. Comme enseignement et expositions, les traditions de l'ancienne Académie de peinture étaient renouées (art. 27). L'installation des cours du modèle entraînait les cours d'anatomie et d'ostéologie.

La géométrie et les cours d'architecture civile, moins l'architecture navale, qui ne devait plus être reprise, non encore mentionnée dans l'arrêté, s'imposaient à leur tour. Aussi voyait-on, le 7 juin 1808, le Maire enjoindre à Goubaud de créer une classe de géométrie et de lever des plans; et le 30 juillet suivant, Goubaud de répondre, en s'excusant : « Les planches, tables et instruments nécessaires qu'il fallait se procurer ont retardé l'installation de cette classe d'architecture. L'activité que je mettrai à cet arrangement réparera tout cela. »

En effet, on ne vit jamais directeur d'École plus zélé, plus empressé. Il fit alors, pour l'instruction de ses élèves, imprimer chez Terrasson des *Éléments du dessin à l'usage des commençants,* traitant : *des principes de géométrie, des règles à observer pour dessiner d'après la bosse, de la tête vue sous toutes ses faces, des proportions de l'homme et du squelette, le tout orné de planches gravées pour faciliter les explications.*

Nous trouvons, du reste, une attestation authentique du zèle de Goubaud, signée par ses propres confrères, et en terminant notre étude, nous sommes heureux de la reproduire, pour l'honneur de ce digne professeur.

RAPPORT DE FIX D'ANNÉE.

Marseille, 25 septembre 1808.

A M. Antoine Anthoine, Maire de la ville de Marseille, l'un des Trésoriers et Officiers de la Légion d'honneur.

« Monsieur le Maire, d'après votre invitation, nous nous sommes transportés au Musée pour examiner, conjointement avec M. Goubaud, directeur et professeur de l'École gratuite de dessin, les ouvrages des élèves de cette École qui ont concouru pour les prix.

« Ces ouvrages sont divisés en diverses classes : celles de peinture d'après le modèle vivant et d'après la bosse, celles de dessin d'après la gravure, celle de draperies d'après le mannequin, celles de sculpture et celle d'architecture.

« Les ouvrages de concours de peinture d'après la bosse sont au nombre de trois, ils annoncent les plus heureuses dispositions.

« La classe d'Académie en dessin d'après le modèle vivant a fourni sept ouvrages de concours. Quoique l'Académie du modèle soit encore peu ancienne, les élèves nous ont paru avoir fait des progrès extraordinaires. Avoir atteint, dans le cours d'un an, à une telle perfection, est admirable dans d'aussi jeunes élèves !

« Les ouvrages de concours en dessin d'après la bosse sont au nombre de huit ; ils sont faits avec beaucoup de goût, de correction et de sentiment.

« Un dessin fait d'après un tableau du Musée a attiré notre attention et nous a paru remarquable. Il ne craindrait pas la comparaison avec des ouvrages d'artistes consommés. Nous lui avons adjugé un prix d'encouragement.

« Parmi les quatre classes de dessin d'après la gravure, qui ont fourni une nombreuse quantité d'ouvrages de concours, la première classe est forte ; ceux des seconde, troisième et quatrième classes indiquent beaucoup de dispositions.

« Les ouvrages en dessin de draperies, d'après le mannequin (genre très-difficile) ont été exécutés avec succès.

« Le peu de temps qu'il y a que les élèves étudient l'architecture ne peut laisser exiger des ouvrages considérables en ce genre, ceux qui nous été produits indiquent que les élèves ont bien profité du mois de leçons qu'ils ont reçu, et promettent pour la suite des succès en cette partie !

« La sculpture présente aussi plusieurs élèves assez forts, mais surtout trois académies, faites d'après le modèle vivant, nous ont paru avoir beaucoup de mérite ; une des trois en a d'autant plus que son jeune auteur n'a que trois mois de leçons de modèle.

« Nous ne pouvons terminer ce rapport sans rendre à M. Goubaud, directeur et professeur de l'École gratuite de dessin, la justice qui est due à ses talents et au zèle infatigable qu'il met à enseigner dans toutes les parties et à conduire lui-même les travaux de ses élèves. C'est à lui et aux excellentes méthodes qu'il emploie qu'ils doivent les progrès rapides et les succès étonnants que nous avons remarqués dans les ouvrages de cette École.

« Il est rare de trouver un professeur aussi éclairé dans la

peinture, le. dessin, la sculpture et l'architecture civile, et aussi
affectionné à la partie de l'enseignement qu'il entend parfaitement
bien. (M. Guis nous parait le seconder avec zèle.)

« C'est avec bien du plaisir que nous vous rendons ce témoignage en sa faveur, et la pensée poétique que son pinceau a mise
au jour dans le portrait de notre auguste monarque, et dont suit le
programme, justifie la confiance qu'on a eue en lui pour la direction de l'École. »

Programme *d'un tableau représentant S. M. l'Empereur des Français, Roi d'Italie, protecteur de la Confédération du Rhin,
composé et peint par M. J. Goubaud, directeur du Musée et
de l'École gratuite de dessin, professeur de dessin au Lycée
Impérial à Marseille.*

« L'Empereur, de grandeur colossale, en grand costume Impérial, est assis sur un trône d'or en forme de chaise curule qui
repose sur la boule du monde, géographiquement dessinée. Il est
vu de face, il étend son bras droit sur l'univers en signe de protection; sa main gauche repose sur le trône et tient en même temps
la main de justice. Le fond est un ciel orageux qui s'éclaircit. Des
nuages, emblème des troubles au milieu desquels nous étions
plongés, se pressent, s'amoncèlent et fuient dans le lointain ; l'arc-
en-ciel, signe de paix, présage du bonheur, leur a succédé.

« Sur le devant, d'un côté du trône, est sculptée en or, en bas-
relief, la statue de la Religion ; l'autre côté représente celle de la
Justice tenant dans ses mains le Code Napoléon.

« Au-dessous de la statue de la Religion est représenté un aigle
tenant dans ses serres un caducée, symbole de la bonne foi et du
commerce, et, dans son bec, une branche d'olivier, attribut de la
paix, protectrice du commerce. Au-dessous de la statue de la Justice est aussi un aigle tenant dans ses serres la foudre, symbole de
la force et de la guerre, et, dans son bec, le laurier de la victoire.
Ces deux aigles forment la base des côtés du trône.

« Le cadre du tableau, de la largeur de seize pouces, est divisé
dans tout le tour en seize compartiments renfermant, peints en
bronze et en bas-relief, les principaux traits de la vie de Sa Majest

et les principales batailles qu'il a données. Cette suite de petits tableaux est faite, par ordre de date, ainsi qu'il suit :

Bataille de Lodi.
Prise de Milan.
Conquête d'Égypte.
Bataille des Pyramides.
Journée du 18 brumaire.
Bataille de Marengo.
Concordat.
Couronnement.
Bataille d'Austerlitz.

Confédération du Rhin.
Entrevue des empereurs de France et d'Autriche.
Bataille d'Iéna.
Entrée à Berlin.
Bataille de Friedland.
Entrevue à Tilsitt entre Napoléon et Alexandre.

« Le dernier bas-relief représente, au milieu, le buste de Sa Majesté l'Empereur ; les sciences et les beaux-arts, relevés et protégés par cet auguste Monarque, s'empressent de le couronner. D'un côté est élevée une pyramide sur laquelle la ville de Marseille, représentée avec les attributs qui la caractérisent, grave le nom de Napoléon au-dessus de ceux des grands hommes, tels que Cyrus, Alexandre, etc., qui sont tracés sur la pyramide. De l'autre, on voit une figure avec les attributs de l'Envie et de la Discorde s'enfuyant et cherchant à se cacher au milieu des ruines des sciences et beaux-arts, dont elle avait elle-même causé la destruction. »

On trouve, dans nos *Annales de la peinture* (p. 404 à 490), l'historique abrégé de l'École de Marseille jusqu'en 1860, et la continuation de cet historique jusqu'à nos jours dans l'*Art dans le Midi, Marseille et ses édifices* (4ᵉ vol., p. 212 et suiv.) ; mais les documents et pièces d'archives de 1788 à 1808, reproduits dans la présente étude, nous étant alors inconnus, sont inédits.

TABLE GÉNÉRALE

SOMMAIRES.

PARIS

TYPOGRAPHIE DE E. PLON, NOURRIT ET Cie,

Rue Garancière, 8.

PARIS. TYPOGRAPHIE DE E. PLON, NOURRIT ET Cie

Rue Garancière, 8.